昭和的怪物

二戰日本的加害者及其罪行

保阪正康 著

昭和の怪物七つの謎

目次

第一章

東條英機怕的是什麼？

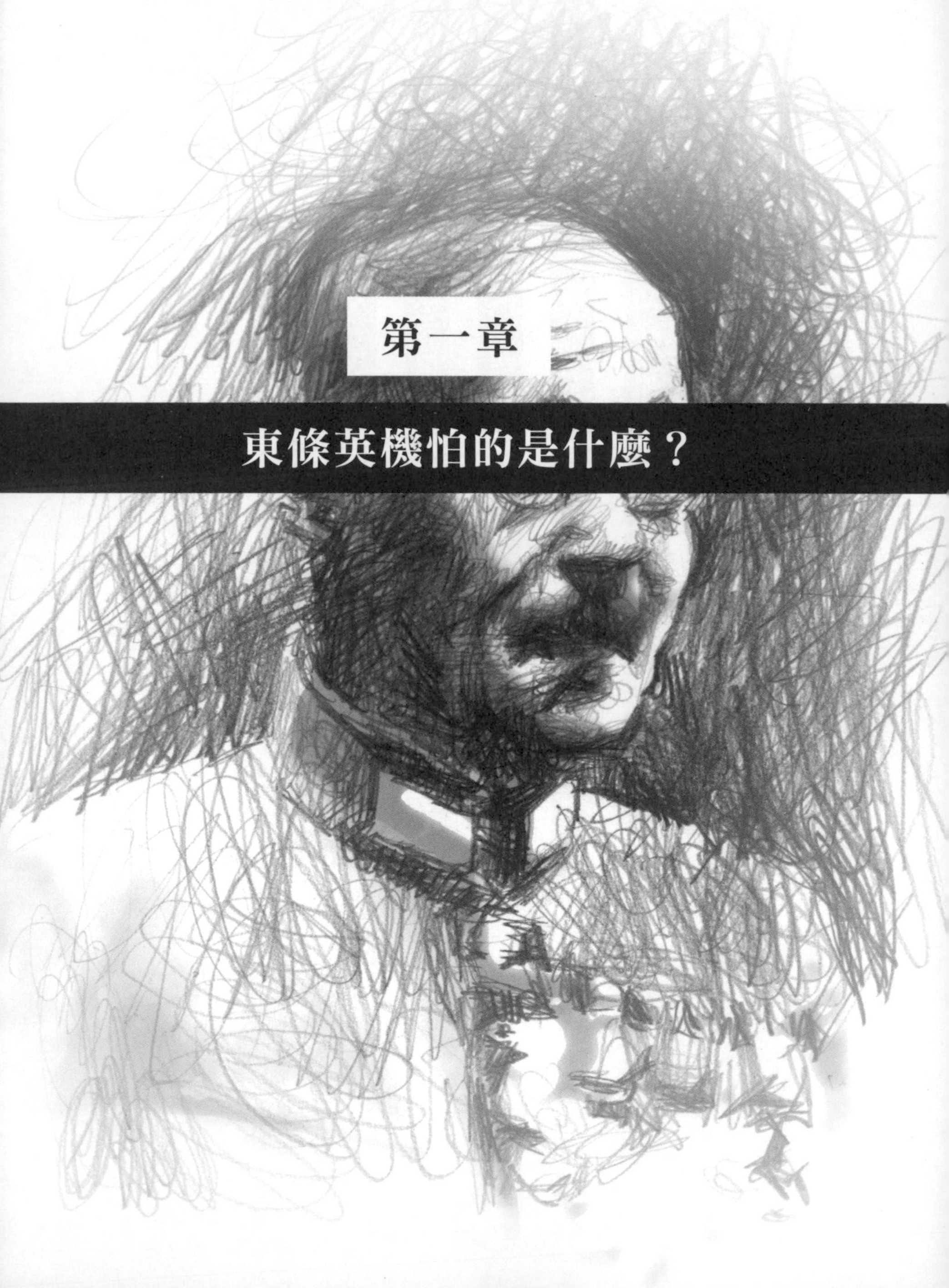

秘書眼中的東條英機

對於我這個世代的人而言，東條英機就是一個宛如惡魔的人。

我的世代，也就是昭和二十一（一九四六）年四月入讀小學（當時仍是國民學校），接受的是純粹的戰後民主主義。對於這個世代的人來說，在其成長過程當中發生的太平洋戰爭和戰爭的領導者們，都被教育成「負面的存在」。我身邊也有不少「大人們」在談論東條英機的時候，彷彿在談論罪人一般。

我首先澄清，我在某個年紀之前，都直率地相信這些大人們說的話。邁入三十歲後不久，我為了查證並記述昭和史，因此想要調查東條英機真實的樣貌。我於是辭去了出版社的工作，總共花費六年的時間撰寫東條英機的傳記。由於我沒有特別的線索，因此根據各種通訊錄，寄出採訪邀請，信件的數量高達兩百件。應該可說幸運，當中八成的人願意接受我的採訪。我雖然不從政，但仍希望持續查證昭和史。為了了解東條英機實際的樣貌，我希望能夠採訪東條英機的家人，以及曾經與東條英機接觸的舊軍人、政治家、文化人等，而他們都回覆：「願意在所知範圍內回答。」其中包含東條英機擔任首相與陸相時代的三位秘書官。

其中一人站在軍人的立場，作為東條英機的親信，看到東條英機擔任陸軍大臣、總理大臣、參謀總長的樣子，以及辭職後作為軍方大老為強硬派發聲的樣子，還有最後成為巢鴨監獄甲級戰犯的真實樣貌。他是擔任東條英機秘書最長時間的人物，這個人就是赤松貞雄。

我從昭和四十年代後半至五十年代初，曾與赤松貞雄會面十數次，仔細詢問他眼中的東條英機是什麼樣子。同時，他也提供了東條英機擔任首相時身邊的三位秘書官，也就是陸軍出身的赤松貞雄、海軍出身的鹿岡円平（昭和十九〔一九四四〕年戰死）、來自內務省的廣僑真光的公務日誌，以及記述「東條英機大將言行錄」的秘書官日記副本。赤松貞雄一開始對於東條英機都是正面的描述，當我提出「他是否也有這樣的缺點」或「流傳有這樣的故事」等疑問時，赤松貞雄有時加以反駁，有時也會點頭。本章將整理出我的採訪筆記，當中包含通行版中未收錄的證詞內容。

血染的軍服

正當赤松貞雄希望從客觀的角度對下一代的人講述東條英機時，剛好我提出採訪的邀請，正因為這個奇妙的緣分，因此他雖然知道我和我這個世代的人都以批判的角度看待東條英機，他還是願意接受我的訪問。首先關於這一點，至今我仍深深感謝。在此前提之下，我希望根據赤松貞雄的證詞，揭示我所了解的這位戰時首相的樣貌。

赤松貞雄是在昭和初期入讀陸軍大學，畢業後以第一師團步兵第一連隊青年將校的身分，追隨當時擔任連隊長的東條英機，從這個時候開始建立上官與下屬的關係。根據赤松貞雄所述，東條英機自中堅將校的時候開始，與第一師團長真崎甚三郎的關係就非常良好。如果有軍人向真崎甚三郎詢問第一師團訓練的情形，真崎甚三郎都會讓他們去問東條英機，可見他非常信任東條英機。東條英機也同樣信任真崎甚三郎。

然而，昭和初期，軍內皇道派（譯註：陸軍內主張尊皇，認為應該在天皇親政下改革日本的派系）與統制派（譯註：初期主張以暴力革命手段改造國家，後來主張透過合法形式實現政治訴求）的對立加深，東條英機強烈批判屬於皇道派的真崎甚三郎。赤松貞雄如此說道：

「東條先生逐漸開始不信任真崎先生。東條先生很生氣地認為真崎先生有私心，有許多譁眾取寵的舉動，同時又煽動年輕將校。一般人默不作聲也就罷了，但東條先生無法裝作看不見，於是直接對著真崎先生說不可以這麼做。結果真崎先生也生氣地說你這個不知天高地厚的東西，明明靠我罩著，到底想怎麼樣……」

東條英機於昭和九（一九三四）年八月，從東京被調到久留米（譯註：位於九州福岡縣），擔任旅團長。相對於景仰荒木貞夫和真崎甚三郎的皇道派青年將校，東條英機則與以中堅幕僚為中心的軍務局長永田鐵山等人同屬統制派，東條英機尤其偏向永田鐵山。在皇道派掌權的陸軍，甚至有人認為東條英機的軍人生命僅止於久留米的旅團長。根據赤松貞雄所說，過去以為東條英機將來有機會成為幹部而接近他的將校們，一下子全都離他而遠去。

赤松貞雄在講述這個狀況時，他其實想要傳達的是陸軍內部的派系鬥爭有多麼地激烈，但從他的話語當中，同時也可以看出東條英機不服輸的性格，在軍內遭到孤立。昭和十（一九三五）年八月，永田鐵山遭到皇道派軍務局長室的將校相澤三郎刺殺。尊敬的前輩軍人之死，帶給東條英機巨大的衝擊，他隻身一人，秘密從久留米上京。根據赤松貞雄的證詞，他命人將沾滿永田鐵山鮮血的軍服拿到他下榻的住處。

東條英機脫下自己的軍服，穿上永田鐵山的軍服，並發誓要對殺了永田鐵山的將校和皇道派復仇。

這段令人毛骨悚然的故事只有東條英機和赤松貞雄知道。

「東條先生的性格有時候就是這麼激烈。他當時的樣子令人畏懼，但對於東條先生而言，這是他向永田鐵山效忠的表現。」赤松貞雄如此說道。

這樣的故事在軍人之間並非罕見，但從一般社會的角度來看，的確是異樣的光景。

二二六事件改變命運

皇道派掌權的陸軍認為不能再繼續把東條英機留在內地（譯註：大日本帝國時期

的用語,意指本土區域,相當於現在的日本列島),於是調任他為關東(譯註:在大日本帝國時期指的是中國東北地區)憲兵隊司令官。過去滿洲國的警察權非常複雜,但東條英機將其改為以軍為主,由憲兵隊主導。也就是東條英機以軍官僚的身分,強行將權限集中在自己身上。在擔任憲兵隊司令官的時代,東條英機曾多次進行「剿匪作戰」。當時的媒體報導東條英機是勇於作戰的司令官,但實際上他是以「掃蕩抗日游擊隊」為名,行殺害中國人之實。

這個事實在東京審判的時候並沒有被揭露,那是因為當時的調查尚且不夠充分。具體的事實之後才逐漸明朗。根據專家的證詞,如果當時檢察團提出這些事實,那麼東條英機需要擔負的責任更大,影響也更廣。

東條英機在擔任關東憲兵隊司令官後,轉任關東軍參謀長。在此前一年,發生了二二六事件(譯註:陸軍皇道派的青年軍官刺殺軍方與政府的統制派高級成員,發動政變,但最終遭到壓制)。諷刺的是,這個二二六事件成為東條英機出人頭地的契機。赤松貞雄如此說道:

「關東軍時代,我並沒有直接追隨東條先生。當時我隸屬東京第一師團,雖然曾聽到青年將校蠢蠢欲動的傳言,但沒有想到竟然會發生這樣的事件。我聽從東條先生的指示,定期向他報告東京的動靜。對於青年將校日漸囂張,東條先生也忍無可忍……」

想必赤松貞雄當時負責向東條英機提供情報。

逐漸被陸軍中央驅逐的東條英機，二二六事件卻改變了他的命運，這究竟是怎麼一回事呢？事件發生後，陸軍的幹部們舉棋不定，都在觀望如果政變成功，自己該採取什麼樣的行動。這也是二二六事件持續四天（二月二十六日起至二十九日）的原因。這時，兩名將官比任何人都先做出決斷。其中之一是第二師團長（仙台）梅津美治郎，另一名則是東條英機。

兩人一知道事件的發生，立刻發電報給本省（陸軍省），表明「堅決鎮壓」。加上昭和天皇的意思，二二六事件最終以遭到「鎮壓」的形式告終。陸軍內部進行改革，這時在陸軍大臣寺內壽一之下掌握陸軍主導權者正是梅津美治郎和東條英機。我稱他們為「新統制派」，太平洋戰爭實際上就是由這一派人領導。

不能選作首相的特質

昭和十三（一九三八）年五月，東條英機回到東京，就任陸軍次官。相較於決定陸軍大臣的人選，首相近衛文麿率先任命東條英機擔任陸軍次官，這一點讓我感到吃驚。為什麼不先決定陸軍大臣呢？這代表了陸軍內部認為，如東條英機這般強勢、只考慮自己權力的軍官僚才適合領導陸軍。東條英機因此站上政治舞台，陸軍的政治態度也變得愈來愈偏頗。凡事強勢、只說對自己有利的理論、在批判對手的時候很大聲且激動，東條英機的這種性格沒想到竟然也變成了陸軍的特質。

東條英機之後陸續擔任陸軍大臣、總理大臣。我手邊的筆記留有我與赤松貞雄以下的對話。

保阪：「東條英機平時會閱讀文學書籍嗎？」

赤松：「您是指小說嗎？應該沒有。我們軍人如果對閱讀小說這種軟弱的東西有興趣，當不了軍人。（他舉例著名的能劇「能野（讀作yuya）」）東條先生不知道讀音。但我對他竟然知道這部能劇感到吃驚。」

大日本帝國的軍人不僅不閱讀文學書，就連一般的政治書或知識型的啟蒙書也不閱讀。全都在實作中學習，在「軍人敕諭（譯註：明治天皇於一八八二年親自頒布的軍訓，要求軍人誓死效忠天皇）」所創造的精神空間中獲得滿足。也就是說在人格成長方面非常偏頗。這種類型的政治家或軍人擁有三個共通點，那就是「偏好精神論」、「認為妥協就是敗北」、「誤認事實是理所當然之事」。東條英機培養陸軍內部的領導者，便原原本本地實踐了這三種性格（這一點可說與首相安倍晉三相似）。

昭和十年代的日本「全面備戰」，但如果當時的最高領導者是東條英機以外的其他人，是否也會演變成這般情勢呢？

我查證赤松貞雄的證詞，同時也實際感受有些特質絕不能被選作日本首相。除了上述三點之外還有幾個條件，但終歸一句話就是「沒有自省的能力」。昭和十多年的日本只是一味地朝著「沒有自省能力之國」邁進。從許多史實當中就可以證明這一點。這條路的終點就是國家存亡的危機。

經常訴諸戰爭

昭和天皇於昭和十六（一九四一）年十月十七日下令，任命東條英機為首相。在此前後發生的事，擔任秘書官的赤松貞雄記得非常清楚。

當天，陸軍省等的將校沒有想到東條英機會被任命為首相。就連東條英機自己也絲毫沒有設想會發生這樣的事。這是因為進入十月之後，首相近衛文麿與陸軍大臣東條英機的對立已經到了劍拔弩張的狀態。在同年九月六日御前會議中決議的三案，其中之一就是如果「十月中旬」之前，日美交涉未能達成協議，那麼日本就要對美國採取軍事行動。對此，近衛文麿強調其他兩個方案，仍希望以外交交涉的方式解決，主張不應該堅持「十月中旬」的期限，應該繼續進行外交交涉。

十月十日左右起，近衛文麿和東條英機二人，有時再加上外相（外交大臣）豐田貞次郎與海相（海軍大臣）及川古志郎，討論應該如何處理上聞之事。即使與豐田貞次郎和及川古志郎發生爭執，東條英機依舊主張應該訴諸戰爭（然而，東條英機自始至終用的都是官僚式的說法，強調要遵守九月六日的決議）。近衛文麿與東條英機的對立逐漸加劇。十月十四日兩人的會談，討論的是國家基本路線的嚴肅內容。

我在拙作《東條英機與天皇的時代》中，描述當時的狀態如下：

「（當天）近衛文麿與東條英機的對立更加激烈，近衛文麿懇切希望『從支那撤軍』，但東條英機卻反駁：『讓步、讓步、一再地讓步，這難道就是外交嗎？這叫作投降。』」

事已至此，近衛文麿決定離開內閣，向天皇表達辭意。天皇雖有躊躇，但近衛文麿的意志堅決。下一任首相究竟要由誰來擔任？東條英機等陸軍指揮部預測應該是由陸軍大將東久邇稔彥接任。十月十七日，內大臣（譯註：負責輔佐天皇，處理宮廷事務的最高官員）木戶幸一通知東條英機入宮覲見。東條英機以為天皇欲指正他的強硬策略，或許會被天皇訓斥一頓。

赤松貞雄的住家位於東京世田谷區成城的住宅區。二樓有一間赤松貞雄的書房，我經常在那裡聽他說話。赤松貞雄有時會在家裡穿著和服，仔細地回答我的問題，他的身影我至今仍然清楚記得。

「我是在大臣的秘書官室接到木戶先生的通知。我前往大臣室，向東條先生轉達這個消息，他聽完之後皺起了眉頭。想必他以為天皇會命令他從支那撤軍。東條先生於是寫了一份作為陸軍的反駁意見書，裝進公事包裡。東條先生在車上還嘀咕道：『看來要被天皇好好地訓斥一頓了。』」

用顫抖的聲音說道「領受了大命降下」

東條英機前往觀見天皇，而赤松貞雄就在宮中的休息室內等待。過了大約二十分鐘，東條英機回到了休息室。赤松貞雄繼續如此說道：

「東條先生只是紅著臉低下頭。我以為他受到天皇嚴厲的斥責，於是不敢作聲。結果東條先生命令司機將車開往明治神宮。我感到茫然，於是戰戰兢兢地問道：『發生什麼事了？』東條先生用顫抖的聲音回答：『我剛剛領受了大命降下（譯註：天皇下令組閣，稱作「大命降下」）』，我也嚇了一大跳。」

木戶幸一認為，若想要壓制強硬派的陸軍，只能靠他們的領導者東條英機，並要求東條英機改變至今為止主張的戰爭政策加以應對。木戶幸一將他的想法稟告天皇，天皇也認同這個妙計，並說：「不入虎穴焉得虎子」，這在歷史上非常知名。然而，天皇和木戶幸一也充分知道這是一個很大的賭注。木戶幸一在天皇下令東條英機組織內閣後，刻意告訴東條英機，他接下來要組織的內閣是恢復舊有政策的「白紙還元（重新來過）內閣」。

東條英機的車子陸續前往明治神宮、東鄉神社、靖國神社，最後回到陸軍省。同樣根據赤松貞雄的證詞，據說東條英機在車內沉默不語，身體有時候因為緊張而顫抖。

聽完赤松貞雄的話，過了一陣子後我問道：「您身為軍人，且畢業於陸軍大學，不會覺得擔任秘書官有些落寞嗎？也就是說，這是否並非出自您的本意？」對於這個問題，赤松貞雄誠實地回答，他說陸軍內部當然有一股認為秘書官或副官不是軍人職務的氛圍，他自己也這麼覺得，因此心中並非沒有不滿。

但他同時也說，正因為擔任總理大臣的秘書官，才能親身感受到歷史的變動。赤松貞雄也透露，這段經歷讓他在戰後吃了不少苦頭。雖然現在沒有特別提及文章內容的必要，但戰後赤松貞雄曾經擔任與陸軍將校友好的地方報紙的論說委員（話雖如此，但根據赤松貞雄所述，他寫的文章不多），曾經以過去秘書官的立場，多次提筆寫下軍事和政治的內幕。

東條英機的人事調度是陸軍犯下的最大錯誤

就這樣，赤松貞雄從陸相秘書官變成了首相秘書官，置身首相官邸。他是站在最近的距離，看著政務空間從陸相官邸變成首相官邸的東條英機。「東條英機最大的變化是什麼呢？」面對我的提問，赤松貞雄思考了一陣子後緩緩開口，非常仔細地說出東條英機的變化。

「東條先生在此之後經常將『天子』掛在嘴邊。他認為自己是總理大臣，不再僅是陸軍的代表，因此也要致力於外交交涉。他的臉上滿滿都是自負的表情。一直以來，都是由陸軍省軍務局列出適合擔任陸軍大臣的名單，交給即將擔任首相的人。但東條先生並沒有收下這份名單。」

關在官邸的貴賓室裡，陸續找來大臣候選人，這也是赤松貞雄的工作。

根據赤松貞雄所說，東條英機非常喜歡調動人事。把各省的人事配置圖攤在政務室的大桌上，「這個人移到這裡，再把這個人叫回來。」或「這個人誇張的言行舉止太引人注目，把他調走……」等，就像這樣，用鉛筆在紙上調動人事是他最大的樂趣。

歷史上，東條英機的人事調動可說充滿許多問題。人事安排夾雜私人情感，比起勇於諫言的人更傾向服從的部下，更重要的是完全不會反對自己的幕僚，這些人佔據權力中樞，這是最大的問題。

聽完赤松貞雄的證詞，我認為昭和十年代，當時陸軍最大的錯誤就是「人事異動，尤其是東條英機的人事。」擁有明確戰略的優秀將校、擁有學者氣息且認為軍事應該在政治之下的將校、認為陸軍的理論和陸軍本身應該接受政治和外交檢驗的將校，這些人大多被調離中央要職。當中有許多是擁有駐外武官經驗的人。曾經外派美國、從對美戰力比例和國家整體實力，勸說避免對美國發動戰爭的山內正文與磯田三郎等武官，幾乎都被排除在東條英機的體制之外。

對於東條英機而言，他堅信這些駐外武官送來納入客觀資訊的報告書，都是由一群膽小、懦弱之人所寫，因此不能讓這些人擔任重要職位。除了這種可說是偏見的想法外，東條英機態度傲慢，認為一旦掌握政權，國家的所有權力都集中在自己手裡。

關於這一點，赤松貞雄給予東條英機高度評價，但同時也說：「東條先生的確非常感情用事。尤其對表達自己意見的將校或幕僚，有時會激動怒罵。我們秘書官從這些被怒罵的人身上看到一定的共通點。以一句話來說，就是想要利用東條先生的人。」他說這種人很容易辨別。

可能遭到右翼恐攻

關於首相官邸內的東條英機，赤松貞雄首先以「每一件事情都拚命想要拿到合格分數」開頭。例如施政方針演說等，即使轉達這僅是軍隊幕僚的報告內容，東條英機也完全不採納。講稿由赤松貞雄等少數人員起草，再交給既是作家也是評論家的德富蘇峰，請他加上漢字，寫成高格調的文章。東條英機不擅長難懂或讀音複雜的文字，因此有時會請人在演說草稿上標示讀音。赤松貞雄誠實說出，東條英機非常重視這種表面功夫。

東條內閣從十月二十三日起，召集主要閣員（海相嶋田繁太郎、外相東鄉茂德、藏相〔財務大臣〕賀屋興宣），舉行項目再檢討會議（正式名稱是「大本營政府聯絡會議」），這是重新檢討宣戰政策的會議。陸軍省的軍人們整理了十一個項目，會議根據這些項目重新檢討政策。其中一項包括「持續與美方交涉，是否有望在最短時間內貫徹九月六日御前會議上所決定的我方最小限度要求。我方最小限度要求是否有望緩和與妥協。以上帝國是否可以容許。」（第十項）

這一點最為重要。如果要在一定的時間內與美方達成協議，那麼日本能夠將至今為止的要求降低到什麼程度？例如「支那撤軍」、「南部法印（譯註：法屬印度支那）撤軍」、「脫離三國同盟」等美方要求的條件，日本能夠讓步到什麼程度？對於日本而言，極限在哪裡？這些都是必須思考的問題。

關於是否真的是為了重新訂立政策而討論這些條件，有許多不同的看法。也就是說，歷史上認為，無論東條英機或陸軍的將校們，表面上朝著天皇指示的「白紙還元內閣」方向前進，實際上只是在會議上重新確認日美交涉不順利的條件罷了。會議討論項目的選擇本身，就是東條英機和陸軍省的偽裝工作，至今仍然出現這樣的說法。

東條英機真正的心意究竟是什麼呢？

我在訪談時，多次詢問赤松貞雄這個核心問題。

「東條先生是一個不服輸的人。在出席項目再檢討會議之前，他純粹是『順應陛下的心意』。然而，當他在會議上實際與其他閣員和將校討論的時候，他就顯露出一貫的強勢性格，陷入美國也沒什麼了不起的想法當中。實際上，在項目再檢討會議開始之後，陸軍省內外都出現東條英機是背叛者的聲音。大本營的參謀是這種聲音的中心。」

東條英機研判自己「可能遭到右翼恐攻」，因此身邊隨時都有憲兵隊保衛。

開戰首相提出的三個方案

昭和十六（一九四一）年十月至十一月，東條內閣站在非常微妙的立場。東條英機原本是陸軍強硬派的代表，與日本國策決定走上戰爭之路相關的組織，任誰都認為他是戰爭政策的推進者。

然而，昭和天皇和內大臣木戶幸一等人希望利用東條英機壓制陸軍，因此下令東條英機將至今為止的所有政策歸零，重新擬定政策。然而，國內外並不了解這樣的內情。美國海軍在知道東條英機組閣之後，認為可能發生戰爭。雖然暫時沒有調動軍備，但下令全海軍採取消極的防衛態勢。經過一段時間之後，發現東條英機並非立即開戰派，美國海軍才解除備戰狀態。

想必因為許多不明朗的因素，因此無法了解東條英機真正的想法。

東條英機在歷史上留下開戰首相之名，若列出具體的日期，則應為昭和十六（一九四一）年十一月一日。當天是根據項目再檢討會議的內容、做出結論的日子。從十月二十三日起至三十日止的八次會議當中，針對日本是否能與美國一戰、是否能以戰爭之外的手段解決沒有石油的現實等項目，一一進行查證，在這一天給出答案。三十日的會議當中，東條英機提出三個方案，呼籲出席者（陸軍省、海軍省、外務省、大藏省、企劃院、參謀本部、軍令部代表）在經過充分討論後，於十一月一日做出結論。東條英機提出的三個方案如下：

第一案，不發動戰爭，臥薪嘗膽；

第二案，立刻決意開戰，進行作戰準備，用戰爭的方式解決；

第三案，決意戰爭，同時進行作戰準備與外交，盡力在外交上取得成功。

從俯瞰歷史的角度來看東條英機提出的這三個方案，可以用一句話評論。這不過是老調重彈，將項目再檢討會議召開前的三個方案重新再提出一次罷了。東條內閣誕生，即使天皇有意將政策歸零，重新檢討，但從結果看來並沒有回應天皇的期望。出席項目再檢討會議的各代表，除了外務官僚出身的東鄉茂德和大藏省出身的賀屋興宣之外，所有的官僚都與東條英機相同，皆是前軍官僚。決定是否開戰的是軍官僚，即使天皇指示「盡量不希望發生戰爭」，但在他們的心目中，並無「戰爭」之外的其他選項。

決意戰爭的過程

從十一月一日的項目再檢討會議紀錄來看，很難說日本認真面對「戰爭」這項政策。會議從上午九時開始，海相嶋田繁太郎提出希望增加鋼材分配的比例。對此，參謀總長杉山元回應：「只要拿到鐵，就決意戰爭嗎？」嶋田繁太郎最終點頭，但實際上這個過程長達六小時。之後才依序從第一個方案開始討論。軍令部總長永野修身認為「第一個方案不值得一提」，但外相東鄉茂德對於發動戰爭提出消極的意見。

會議最後朝著第三個方案前進，傾向進行有期限的外交交涉，如果談不攏，則發動戰爭。相對於東鄉茂德的面有難色，杉山元主張：「十一月三十日為止，如果外交交涉不順利，就發動戰爭。」東條英機則認為能晚一天是一天，於是插話問道：「十二月一日如何？」參謀次長冢田攻回答不可拖到十一月三十日之後。說到這個「延長一日」的爭論有什麼根據？事實上完全沒有。接下來進入討論日美交涉妥協案內容的階段，除了過去的方案（甲方案，有期限地在中國駐軍。）之外，東鄉茂德突然提出另一個方案（乙方案）。這個方案是與外務省大老幣原喜重郎等人秘密整理出的方案，內容包括「日美兩國不可在太平洋地區發動武力」、「美國確保每年供給百噸的航空機用揮發油給日本」等。

東鄉茂德突然提出這個方案，結果杉山元和冢田攻等主張戰爭的參謀本部與會人士群情激動，認為「這不就是要從南部法印撤軍，絕不容許這樣的事發生。」會議上充滿怒罵聲。

日本決意對美開戰的過程未免太過兒戲。我一邊向赤松貞雄確認整個過程，同時又具體提出「日本為何毅然選擇戰爭？」、「究竟問題出在哪裡？」、「身為東條英機的秘書官，在您看來誰應該負責？」等問題。

包括當時的氣氛在內，赤松貞雄的證詞如下（昭和五十〔一九七五〕年十一月八日訪談）：

「老實說在日本的會議上，激進派或積極派的意見比較容易通過。當天的會議（從早上九時開始）一直持續到隔天的凌晨二時，東鄉外相突然提出乙方案。結果統帥部一陣騷動，高呼『立刻開戰、所剩的時間不多』，再加上陸海軍的行政當局與外務省的行政當局事前沒有溝通，因此大家的憤怒非同小可，不願退讓立刻開戰的主張。會後，我從東條先生和武藤（陸軍省軍務局長）先生口中聽到事情的經過，感到非常驚訝。」

「如果海軍說『不』」

赤松貞雄的證詞的確與許多文件紀錄不同，是在人類情感的基礎之上描述會議的氣氛，值得參考。我當時評論了武藤章的舉動。武藤章逼問杉山元和冢田攻：「你們的意見如果太強勢，這個會議無法做出結論。那麼東條先生無法向上交代，只能辭職。又要重組一次內閣，如何？這樣也無所謂嗎？」

最後又說道：「採納東鄉先生的乙方案吧。除此之外別無他法。」

就這樣，武藤章說服了杉山元和冢田攻，以及軍令部總長永野修身等人。最終，決定用乙方案與美國進行交涉。為了進行交涉，臨時任命前駐德大使來栖三郎為特派大使，前往美國。「十一月一日」的會議即以這樣的形式進行。外交當局提出乙方案，用乙方案進行交涉，如果失敗則進入戰爭，「十一月一日」就是決定背水之戰的一天。

會議進行時，東條英機又是什麼樣的狀態呢？赤松貞雄首先以「這不過是我的想像，也許有些並不準確……」開頭，繼續說了以下這一段話，我至今依舊印象深刻。

「東條先生自從當上首相後，似乎明白了許多事。戰時他曾經小聲自言自語，說道：『我現在終於明白近衛（文麿）在開戰前與我意見對立的苦衷。』日本高層，尤其是以陛下為中心的權力結構非常複雜。許多人與陸軍內部的勢力也有連結。海軍為什麼不說他們的實力無法與美國一戰呢？只要他們說『不』，戰爭絕不可能僅憑陸軍之力進行。我承認，東條先生的確往戰爭的方向引導，但他想必是受到海軍的利用。」

我在赤松貞雄家裡的榻榻米上，有時正坐，有時鬆開腿，聽著赤松貞雄的證詞。他反覆說道：「只要海軍說『不』就好了，就是因為不說，才會走向戰爭。」事實上，我之後從幾位陸軍要人口中，也多次聽到同樣的話。

赤松貞雄是追隨東條英機的軍人，當然不會說他的壞話。然而，他曾經說過下面這一段話。

「東條先生作為軍人，站在不得不與美國一戰這一邊。尤其是在他擔任陸軍大臣的時候。但在他當上首相後，陛下命他『白紙還元』，也就是說東條先生是有附帶條件的首相。他於是從強硬派轉向，與戰爭相較更致力於外交。但他沒有做到，這就是虧欠。所以他的態度才會變成一旦發生戰爭，就必須獲勝。」

赤松貞雄的話的確道出了部分真理。

作為政治家的宿命

東條英機在當上首相後，才首度知道日本複雜的權力結構。也就是說，他當然無法直接從天皇的口中聽聞其意，而是透過宮中內部的各種管道傳達。然而，東條英機只相信天皇親口說的話。他或許一點也不關心天皇在立憲君主制當中應該扮演的角色。東條英機聽了天皇的話，致力於外交，他愈是努力避免戰爭，軍內的將校、民間的國家主義陣營、希望一戰的強硬派政治家和軍長老們對他的批判就愈徹底。赤松貞雄將其形容為東條英機的「虧欠」，但簡單來說，在他擔任陸軍大臣時，率先把矛頭轉向「戰爭」，為這樣的輿論喉舌。東條英機「自己的影子」在他當上首相之後，成為了威脅。

若能從中得到教訓，那麼就是政治家（或是政治上站在領導立場的人）一旦說出某個特定的意見，持續維護這個意見便成了他們的宿命。若非如此，「自己的影子」總有一天會變成威脅。東條英機作為首相，被命令採取與他過去擔任陸相時代相反的立場，這個時候，他的進退只有兩個選擇。

其一就是堅持無法採取與陸相時代強硬派相反的態度，辭退總理的任命。另一個選擇則是繼續努力，但在知道無法避免戰爭的時候辭職（以無法實現天皇之意引咎辭職的形式）。為什麼他沒有選擇其中任何一個選項呢？

對於我的提問，赤松貞雄先是說了「這是個好問題」，之後再進行說明。

「這是開戰時擔任軍務課長的佐藤賢了先生（東條派系的軍人）在戰後所說。由於東條內閣是白紙還元內閣，因此應該要將之前所有一切都歸零，重新審視每一個條件，判斷日本是否真的有能力應付戰爭。如果這麼做的話會出現什麼結果呢？想必結果還是會發生戰爭。這是因為至今為止的意向以某種形式爆發。也就是說，東條先生個人未必一定要進行戰爭，但不得不代替希望推動戰爭的那些人發言。」

我一邊聽著赤松貞雄的意見，一邊覺得，在日本式的意義之下，東條英機可說是非常方便的存在。

現實當中，美國確實預料到了「十一月一日」項目再檢討會議的方向，認為日本會發動戰爭。在經過將近四週的交涉，美國政府於十一月二十七日（日本時間）提出的回答（赫爾備忘錄）當中便點出了這一點。就我個人的見解而言，我認為東條英機應該採取上述的第二種選項（負起無法避免戰爭的責任而辭職）。他應該從政治的舞台上消失。

為何獨自一人在寢室哭泣

太平洋戰爭開戰前二日（昭和十六年十二月六日），首相兼陸相的東條英機，在首相官邸的一個房間裡，朝著皇居方向正坐，放聲大哭。這是勝子夫人在深夜裡，聽到丈夫的寢室傳來哭聲，偷偷打開拉門後看到的光景。夫人在接受我的採訪時，不經意地說出這段故事，這其實是一個非常重要的場面。

我告訴赤松貞雄：「我（從勝子夫人口中）聽到這樣的故事」時，赤松貞雄淡淡地點頭說道：「我當時不知道這一件事，但非常有可能。」東條英機知道昭和天皇希望盡量避免與英美戰爭，由於他無法充分回應天皇的期望，因此感到虧欠。我再次問道：「所謂虧欠，是指對昭和天皇嗎？」赤松貞雄點點頭，又說了下面這一段話：

「一旦戰爭開始，就絕對不能輸。他擁有無論發生什麼事都要戰勝英美的信念。這一點是東條先生自己的判斷。無論是否能夠做到，但對於我們這些東條的親信而言，只能『獲勝』，以這樣的態度從正面認真地面對這場戰爭。」

作為後世之人，我從昭和五十年代初開始撰寫東條英機的評傳，在採訪當中，我逐漸看見兩個重點。其一就是探討為什麼明明日本完全沒有勝算，這場戰爭卻持續了三年八個月？另一個重點則是雖然是東條英機採取軍事獨裁體制指揮這場戰爭，但他認為究竟誰該負責？關於這兩點，我從訪問東條身邊的軍人和政治家當中，發現東條英機想錯了。

這兩點同時也是東條英機誤解這是對昭和天皇的忠誠。東條英機這種「在軍事上取得勝利是對天皇盡責」的想法，展現出軍人直線型的思維。從軍事上的發展來看，太平洋戰爭的三年八個月，經歷「勝利」、「挫敗」、「崩壞」、「解體」，以及「投降」五個階段，但東條內閣在「崩壞」之後倒台。「崩壞」階段，指的是從聯合艦隊司令長官山本五十六戰死（昭和十八年四月十八日）開始，至塞班淪陷（昭和十九年七月）為止的時期，可說是日本在太平洋戰爭之中無望取得軍事勝利的階段。

也就是說，太平洋戰爭毫無勝算，只是追求軍事路線，最終失敗。這段期間，在政治和軍事上的領導者就是東條英機。由於東條英機完全誤解上述二點，因此他的戰爭領導本身缺乏統一性，都只是為應付眼前的情況。東條英機誤解昭和天皇真正的心意，把自己逼到無論如何都「必須獲勝」的狀態，這絕非是因為他有責任感。反倒是因為他不負責任，才會以為「必須獲勝」。

天皇存在的目的

我的理解如下：

昭和天皇與其他天皇相同，天皇存在的目的在「維護皇統」（當時被稱作「國體護持」）。就我的理解，這是身為天皇的目的。為了達成目的，需要各種手段，包括外交、經濟、文化、傳統等，而戰爭也是其中一種手段。東條英機等軍事領導者忽視昭和天皇對透過戰爭維護皇統所感到的擔憂。

東條英機堅信只要在戰爭中獲勝，就得以守護天皇擔心的皇統，如果戰敗，則無法「國體護持」（更應該說東條英機是為了自己的面子才只想著獲勝）。因此，無論做出多少犧牲，也要堅持勝利。對此，天皇判斷，即使在戰爭中獲勝，也必須犧牲眾多國民，更不用說如果戰敗，在戰勝國的要求之下，恐怕難以「國體護持」。

太平洋戰爭的三年八個月期間，昭和天皇的心意也並非一直不變。天皇不斷地動搖，心理狀態有時也被逼到絕境。這其實是開戰前就可以預想到的結果。應該說昭和天皇從開戰初期就認為不應該選擇「戰爭」當作守護皇統的手段，等到愈來愈沒有勝算之後，更被必須盡早結束戰爭的焦慮侵蝕。

赤松貞雄提出，如果想要知道東條首相的想法，有必要一讀《東條英機大將言行錄》。但他又補充說明道：「不過，它被交託給防衛廳戰史部保管，就連我要外借，都需要經過繁雜的手續，有時還可能遭到拒絕。」不知道赤松貞雄動用了什麼關係，他提供了一份完整的複本給我。這套備忘錄（我將其稱作「秘書官筆記」）共有七冊，我閱讀完這些紀錄後，終於真正了解東條英機這個軍人是用什麼心情指揮戰爭。

接下來我想從「秘書官筆記」當中，引用東條英機擔任首相、陸相，以及最後五個月擔任參謀總長時，他的各個秘書官所做的發言。這個秘書官筆記是由三位秘書官親筆所寫，我於拙作《東條英機和天皇的時代》也有介紹，之後又收錄在伊藤隆、廣橋真光、片島紀男編輯的《東條內閣總理大臣機密紀錄》當中。

下面介紹的內容看來似乎讓人心生「他竟然說過這麼粗暴的話」或「他對於諸事竟然如此無知」之感，但必須說明的是，這些皆為事實。

「用精神擊落」

昭和十六（一九四一）年十二月八日清晨，日本軍成功偷襲珍珠港。當天傍晚，東條英機召集陸海軍的軍人和統帥部的幕僚等親信，在官邸的食堂舉辦小宴會，以下是他當時的發言：

「（戰果）超乎想像。羅斯福也終於要失勢了。」

根據赤松貞雄所說，這場偷襲幾乎瞞著所有人，東條英機自傲地說：「正因為是我的內閣，才能如此保密。」赤松貞雄結束晚班值勤，一早準備回家，踏出官邸時看到海軍的鹿岡円平趕來，據說他當時才知道珍珠港偷襲成功的消息。對於行動如此保密，東條英機喜形於色。

然而事實上，美國早已破解密碼，一切都被看穿，說來也是非常諷刺的事。

昭和十七（一九四二）年十月十四日，在靖國神社臨時大祭上，東條英機在向遺族致敬之後，面對情報局次長奧村喜和男的阿諛奉承，說出以下這一段話：

「飛機不是靠飛機（引擎）飛向天空。是靠人飛向天空。是人的精神發動飛機。」

在訪問飛行學校時，東條英機問道：「你們知道要用什麼擊落『敵機』嗎？」聽到學生回答要用高射砲擊落，東條英機訓示道：「不，要用精神擊落。」

以下是昭和十八（一九四三）年六月二日，他在官邸晚餐時說的話。

「人們經常說我是政治家，但我最討厭人家說我是政治家。我是戰術家，絕非政治家。我只不過是依照多年來在陸軍學到的戰略方式去做罷了。」

這等同於承認他對戰爭的發展沒有作為政治家的判斷，只是以軍人，而且是戰略家的身分作戰。等同於宣告東條英機對戰爭完全沒有任何政治的判斷。

再看到昭和十八年九月九日的發言，前一天聽到軸心國之一的義大利投降的消息。對此，東條英機反而說這樣的軸心體制更順暢，並下令今後要視義大利為「敵國」。九月十日還說了以下這一段話：

「我經常說，要將聖上（天皇）當作神。當聖上下問，如果回答不知情，調查之後稟告，聖上絕不追究。但絕不可因此存有敷衍的苟且之心。必須據實以告。聖上對所有事情都心如明鏡。」

東條英機下令自己的內閣閣僚要盡量與「神一般的天皇」接觸，經常上奏。然而，正如大家所知，海相嶋田繁太郎等人在上奏時，竄改各種史料與文件。東條英機雖然這麼說，但並沒有詳細報告戰況惡化的情形。也就是說，他站在最接近天皇的立場，向周圍的人描繪「有利於自己的天皇形象」。

被亡國思想纏身

昭和十九（一九四四）年二月二十四日，日軍在馬紹爾群島方面的瓜加林島等被美軍壓制後，東條英機在當天晚餐時說了這一段話：

「事情要看你怎麼想。只要想作我們的基地就在敵人的背後即可。必須伺機從兩面包夾，加以反擊。」

美軍採取「跳島戰術」接近日本本土，他的說法卻是只要改變想法、這種狀況反而對日本有利。由於與美軍物力方面的差距，日本在軍事上完全沒有能力反擊，但東條英機對於這樣的戰況卻經常以樂觀的角度看待，這也是他發言的特徵。

接下來是同年四月六日閣僚會議之後的發言。

「最近東京市內陸續新設粥堂，閣僚會議之後也會去供應粥的地方吃午餐。總理指示：『粥也很好，但閣僚會議之後要準備充足的餐食，讓閣僚們期待聚集在一起。』」也就是說，藉由提供與庶民不同的待遇，激起閣員們的鬥志。

由於昭和十九年六月的「阿號作戰」失敗，日本失去了塞班島。從那個時候開始，重臣和天皇身邊的人，開始出現必須換掉東條英機的聲音。然而東條英機卻發下豪語：「雖然失去了塞班島，但就好像是淋了點雨一般，不足為懼。」六月二十四日在官邸食堂午餐時，東條英機對秘書官們如此說道：

「塞班的戰況和中部太平洋至今的戰況是上天給予我們日本人的警示。是上天『還不用心嗎？還不認真嗎？還差得遠』的警示。今後日本人如果不更認真努力，上天還會有更大的警示。我堅信，日本人在最後的緊要關頭，一定會展現驚人的毅力，這一點無庸置疑。」

東條英機反覆強調精神論。他經常將戰爭是精神力量的勝負掛在嘴邊，毫無根據卻在戰況五比五時說是六比四，對己方有利；六比四或七比三對己方不利時，又說是五比五。對於東條英機而言，於戰爭中獲勝本身是目的，也是自己的責任，為此犧牲多少國民都在所不惜，這就是他的戰爭觀。他可說是被亡國思想纏身，失去了判斷能力。東條英機身邊的軍人們也沒有察覺異樣。

動用憲兵隊加以威脅

東條英機最終是在昭和十九（一九四四）年七月十八日從首相兼陸相，以及擔任統帥的參謀總長之位退下。這是因為如前所述，由於「阿號作戰」的失敗，塞班島淪陷，預料日本在軍事上將陷入更不利的狀況。同時，昭和天皇和天皇身邊的人判斷，東條英機無法將這場戰爭帶往和平的方向。

對此，東條英機方面反抗，而陸軍將校當中也有一群人，主張發動政變一掃和平派勢力。東條英機特別對其中一位反對他的重臣岡田啓介施壓，稱自己的生命受到威脅，日夜加強監視。

簡單說明東條英機下台為止的發展。首先是岡田啓介等海軍出身的內大臣與海軍內部的和平派（例如教育局長高木惣吉等人）聯手，謀劃更替海相嶋田繁太郎。這群人與高松宮、鈴木貫太郎、伏見宮等人接觸，進一步行動。察覺這個動靜的東條英機，利用他培養的陸軍手下，例如軍務局長佐藤賢了等人進行威脅。然而，主張和平的運動並未停歇，連近衛文麿、平沼騏一郎等要人也加入。議會逐漸形成呼應的勢力，這樣的發展同時傳到東條英機耳裡。

東條英機怒斥：「這些代議士說的是什麼話！」更動用憲兵隊威脅每一位代議士。然而，「奪回塞班」、「更換嶋田繁太郎」的要求，每一項都戳中東條英機的痛處。東條英機下令赤松貞雄和佐藤賢了，以及陸軍次官富永恭次等人一一拜訪重臣，傳達「如果東條英機倒台就會導致戰敗，如果戰敗的話，責任在你們」之意。

然而，此舉卻造成反效果，更加強了岡田啓介和近衛文麿等人反東條英機的情緒。海軍內部反嶋田的聲音讓嶋田繁太郎辭意堅決，東條英機則極力說服，讓他不可在此時退卻。

東條英機為了打破現狀，計畫改造內閣，擬定包括讓米內光政、阿部信行等人入閣在內的五個條件，提交給木戶幸一，主要是為了取得天皇的諒解。結果，東條英機透過木戶幸一覲見天皇。天皇消極地同意了這個方案，但東條英機也對私下議論首相權力一事表示不滿。就這樣，東條英機續任的問題，取決於是否有重臣入閣。為此必須空出一個職位，也就是必須更替現任大臣。東條英機計畫讓米內光政入閣，取代商工大臣岸信介。對東條英機而言，岸信介是個可以輕易將其職位收回的人，更換岸信介應該不是難事。然而，無論東條英機怎麼勸說，岸信介都不願辭職。傳言是因為木戶幸一在背後說服岸信介不要辭職。一般的說法是長州閥（譯註：岸信介出身長州）打倒了東條英機。總而言之，岸信介說什麼都不願意辭職，這讓東條英機的計畫受挫。另一方面，米內光政也拒絕入閣，東條英機無法達成與天皇約定的內閣改造，不知所措。

岸信介是最大的功臣嗎？

這件事成為其中一個起點，再加上幾項重要的因素，東條內閣被迫下台。當中隱約可見的是天皇對於由東條英機領導戰爭感到不安。東條英機只是一味地強調聖戰勝利，卻沒有任何一項具體的計畫。在俯瞰太平洋戰爭時，東條內閣下台有許多不同的意義。「將國家交給東條英機這般僅強調精神論的軍事領導者真的好嗎？」當時的政治領導者、天皇，以及身邊的人都強烈感受到這種不安的情緒。岸信介身邊的人至今依舊流傳「岸信介是逼迫東條英機下台的最大功臣」。然而，真是如此嗎？對於這一點我有幾個疑問，於是向赤松貞雄提問。下面介紹經過整理的證詞（根據我的採訪筆記，以下的證詞是昭和五十〔一九七五〕年十一月八日的訪問中赤松貞雄所說）。

保阪：東條英機輕視內府（內大臣）是否也是木戶先生逼迫東條英機辭職的原因之一？

赤松：這或許也是其中一個原因。再者，木戶先生曾秘密召見我，對我說，嶋田繁太郎在海軍內部的風評很差，讓我向東條先生建言，要嶋田先生辭職。我回答自己不過是秘書，怎麼能說出這樣的話。回到官邸後東條先生問我，木戶先生召見我有什麼事，我於是如實回答。結果東條先生大罵這個蠢才，又說「嶋田來辭職，我才剛跟他說不要灰心、繼續努力。」對木戶先生充滿了憤怒與不信任。

根據赤松貞雄所說，木戶幸一對赤松貞雄的私語，正是倒閣的開始。赤松貞雄在背後仔細觀看這齣東條英機下台的戲碼，證詞非常具體且具分量。

赤松貞雄證實，包括東條英機在內，軍人們都認為更換岸信介是最容易的手段。會這麼想有其理由，赤松貞雄的證詞如下：「在東條內閣剛成立半年左右，燃料廳發生貪污問題，擔任商工大臣的岸信介先生向東條先生請示去留。他本來是在那個時候就該辭職的人。我作為東條先生的特使，前往岸先生位於下落合的家，向他傳達不必辭職之意。結果岸先生高興地流下淚來。他與書記官長星野直樹先生自滿洲以來就不和，所以星野先生想盡辦法要讓岸先生辭職。而當時等於是被東條先生救了下來。」

反東條包圍網

以下根據赤松貞雄的證詞進行查證，發現了令人意外之事。

當時東條英機立刻命憲兵隊監聽電話，調查岸信介為何不聽自己的話。據說從同年五月開始，他便詳細調查岸信介的動向。根據赤松貞雄的證詞，調查發現了許多事。例如岸信介與木戶幸一關係密切，或者應該說是同夥，也因此與其他重臣有聯繫。赤松貞雄繼續作證：

「根據憲兵和警視廳的情報，發現岸信介造反的具體證據，尤其與岡田啓介保持聯繫。逐漸發現雖然站在前面的人是岸信介，但其實背後已經形成反東條包圍網。我們年輕軍人知道後都覺得豈有此理，也才了解岸先生一直以來都在扮小丑……。東條先生也覺得非常不是滋味。年輕軍人當中有人高呼政變，但東條先生覺得算了，因此決定辭職。」

有人主張東條英機應該辭職，但也有人提議，事到如今應該覲見天皇，向天皇報告：「現在出現希望我辭職的意見，不知陛下意下如何？」請求聖裁。東條英機似乎對星野直樹提議的第二個方案動心，但為時已晚，只能辭職。東條英機可說是終於認清現實。也正因為如此，包括東條英機在內的軍官僚們，都對岸信介懷有強烈的怒氣。

赤松貞雄在燃料廳發生貪污事件時，替東條英機向岸信介傳達不需要辭職之意，赤松貞雄一邊說著：「那個人還哭了。」又說：「因此以為岸信介是在東條先生最困難的時候，能夠最先請他辭職的棋子，這樣的想法太過淺薄。」赤松貞雄露出複雜的微笑。他的苦笑，我至今記憶猶新。我與赤松貞雄下面這段對話也令我印象深刻。

保阪：塞班淪陷，戰況不斷惡化，但為何東條先生還堅持這場戰爭勝負未定？他有什麼樣的根據嗎？

赤松：戰況的確不好，但東條先生總是說，日本人在緊要關頭就會奮起。東條先生以為很快就會如他所想，但實際上並不是這麼一回事。東條先生一直想著下次會好！下次。而現在，塞班淪陷。他認為如此一來日本人必會奮起，朝著聖戰必勝之路前進，而自己在這個時候卻被迫辭職，他說他感到痛苦不堪。

保阪：東條先生在很多場合都說過，戰爭是精神上的對決，從自己覺得「輸了」的那一刻起，就真的輸了。我認為這是很不可思議的理論。

赤松：如果大家認為這是精神論，那也的確如此。東條先生的確認為直到最後都是精神上的對決。

沒有理念的戰爭責任

東條英機的精神論完全沒有展現在現實的戰力上。在持續三年八個月的太平洋戰爭中，有兩年九個月由東條英機主導，他的「戰爭是在覺得輸的時候才真的輸了」是非常無知的發言。無論是在議會或與國民接觸的場合，東條英機經常將這句話掛在嘴邊。然而仔細想想，這是多麼非知識性的發言。如果照他這麼說的話，也就代表日本絕對不可能會輸。

無論以美國為中心的聯合國如何進攻，日本都不接受敗戰。就算國家陷入存亡的危機，也不認輸。原來如此，如果是這樣的話，那麼日本絕對不會輸。無論遭受多大的損害也不承認敗戰，那麼主觀來說，就不是敗戰。也就是說，即使國家滅亡，只要不接受敗戰，就不會輸掉戰爭。即使客觀來說，日本的狀態無法持續戰爭，但只要不承認，戰爭就會持續。

東條英機和軍官僚們陷入這樣的自我矛盾之中。而日本軍司令部的參謀們就在如此的信條下持續戰爭。對於把戰爭當作單純美學或自我陶醉的日本軍人而言，究竟什麼是戰爭？天皇身邊一名侍從的說法非常貼切：

「將國家交給軍人們的代價恐怕還會持續五十年、百年。沒有理念而發動戰爭的軍人們，他們的責任無邊無際。剖析東條英機可以看到，昭和陸軍不理解戰爭真正的意義，而這個最大的問題都匯集在軍人東條英機身上。」

說得非常有道理。

第二章

石原莞爾是否知道東條暗殺計畫？

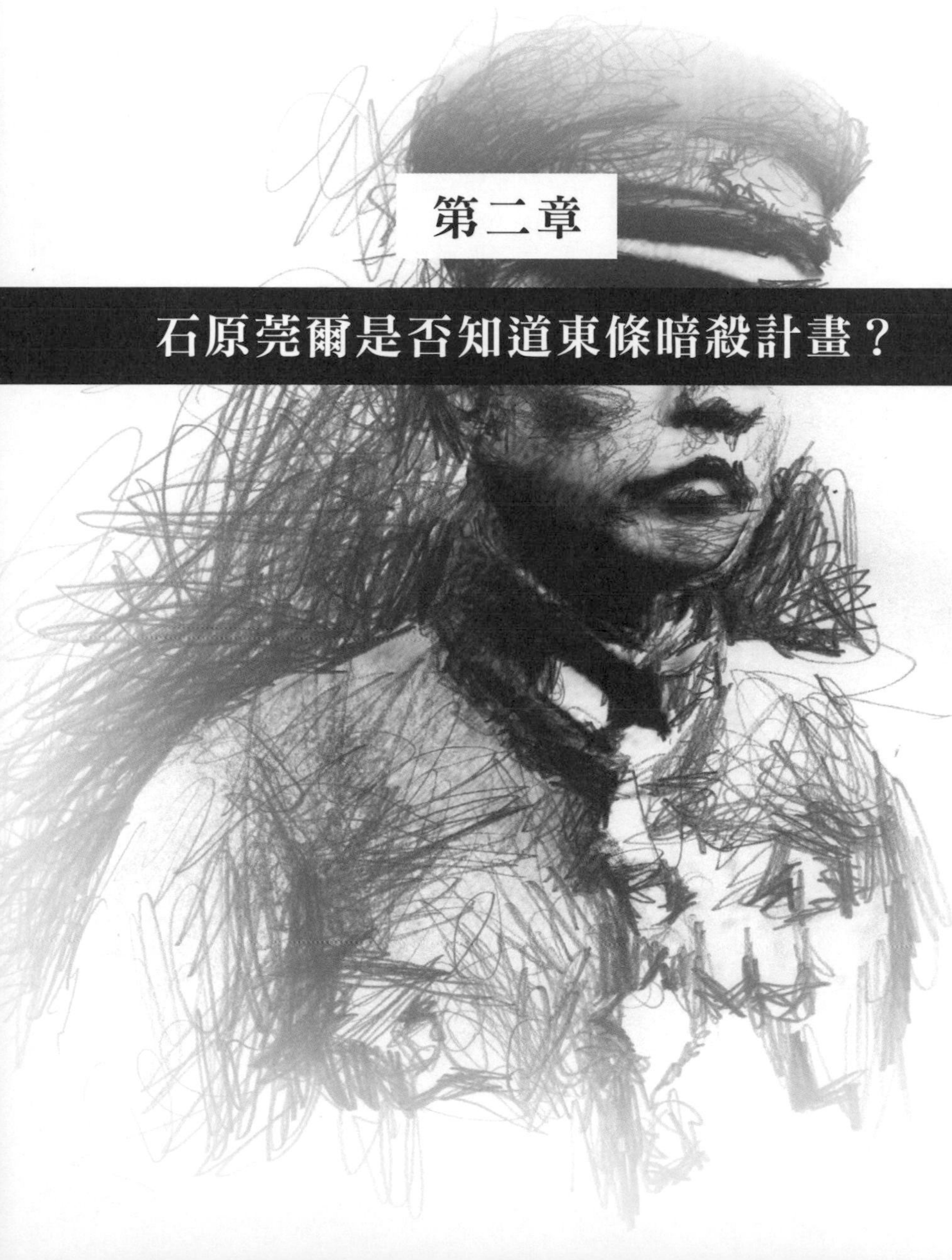

怪物軍人

昭和時期的軍人當中，石原莞爾是一個「特別的人物」。

首先，他是唯一一個在戰後出版著作集的軍人。在石原莞爾全集刊行會之名下，發行了總共八卷的套書（第八卷是別卷）。接下來，也只有他這個軍人，能夠明確地以理論闡述戰略思想、戰爭學或歷史觀。現役時期，甚至出現「昭和陸軍當中有兩個長官不想擁有的部下，那就是石原莞爾和辻政信」的說法，可見他清楚表達自己的意見，即使對方是長官，若不能信服，仍會坦蕩反駁。

他在陸軍大學的成績最優秀。成績最優秀的人必須負責御前演講，也就是在天皇面前披露在陸軍大學所學的戰略觀等。然而，學校擔心石原莞爾會在天皇面前批判首腦，或指出日本陸軍的問題點，據說因此把他第一名的成績改為第二名。類似的故事很多，他就是這樣的一個軍人。

一般的陸海軍人，只要沿著他在軍中的足跡，就可以寫出評傳。例如，東條英機只是平順地走在昭和陸軍內部的菁英路線上，只要敘述他作為軍人的生涯即可。幾乎所有的軍人都是如此。然而，只有石原莞爾不同。除了軍人的道路外，還有許多條路可以更加完整地了解這個人真實的樣貌。僅僅可以想到的就有好多條不同的道路：以提出《世界最終戰爭論》為代表的軍事思想家的道路；提出與中國友好理論，作為東亞思想家的道路；學習日蓮宗的教義，作為宗教者的開悟之道；與那些贊同石原莞爾的戰爭論、秘密支持他的大日本帝國官僚、將校，以及財界人士交流的道路；將石原莞爾當作人格陶冶大師景仰的人們，與這些守護石原莞爾形象的人交流的道路等。唯有謹慎小心地走在這些道路上，才能整理出石原莞爾完整的形象。

我在經過二十五年後才終於發現這一點。石原莞爾是帝國軍人，他的骨架當然是由近代日本軍人的倫理、思想、規範構成。一般軍人都是被動接受，所有一切都處於停止自行判斷的狀態。認為唯有誓言效忠天皇陛下才是模範軍人。

然而，石原莞爾卻不同。比起軍人的倫理，他首先將自己視為活在十九世紀至二十世紀初的日本人。自己不過是剛好選擇了軍人的道路。他認為自己擁有歷史和時代交託給他的生活，主動地在自己的生活空間當中活動。這就是「日本怪物」的特徵。石原莞爾打破軍人的框架，感受到他強烈的意志，可以看出他是軍事主導體制之下的怪物軍人。

我為了整理上述石原莞爾的實際形象，於是沿著石原莞爾走過的各種道路，試著寫出關於他的評傳。協助我的人是石原莞爾的秘書兼智囊高木清壽。高木清壽於明治三十六（一九〇三）年出生於茨城縣，畢業於早稻田大學政治經濟學部，之後擔任《報知新聞》記者，隸屬政治部。昭和八（一九三三）年，在他採訪軍人的時候，訪問了當時屬於中堅將校的石原莞爾，對於他的理論感到吃驚。由於同樣擁有日蓮宗的信仰，因此得到石原莞爾的信任，連續幾天聆聽石原莞爾講述自己的想法。而石原莞爾相信高木清壽的知識、想法，以及信仰態度，於是希望高木清壽辭去報社的工作來協助自己。

撰寫石原莞爾評傳的三項條件

高木清壽轉任由石原莞爾創建的東亞聯盟東京事務所負責人，負責聯絡位於滿洲國的東亞聯盟和滿洲國協和會。代替身處軍內的石原莞爾，整合軍外所有受到石原思想影響的組織。換言之，他是在背後支持石原莞爾的人物。我是在昭和五十（一九七五）年九月第一次見到高木清壽，為的是確認與東條英機對立的石原莞爾當時的立場。補充說明，高木清壽從根本批判東條政治的作法，他的見解當然與石原莞爾幾乎相同。

直到高木清壽過世（平成八〔一九九六〕年）為止，我與他都保持交流。他建議「你來寫將軍（高木清壽曾如此稱呼石原莞爾）的評傳。」並提供史料。高木清壽自己於昭和二十九（一九五四）年，出版《東亞之父石原莞爾》（錦文書院），他希望身為下一代的我能夠參考並充實其內容。我最終沒有辦法完成，理由如前所述，若欲掌握石原莞爾的真實樣貌，有七、八條不同的道路，若想要沿著每一條路描繪石原莞爾的形象，需要大量的時間。

更重要的是，每一條道路的相關人士之間並不和睦。滿洲國協和會的人和東亞聯盟的人，彼此的交情非常差，甚至口出「我才不要幫你問那個傢伙」這樣的話語。高木清壽也斥責道：「那些沒有見過將軍，也沒有獲得將軍信賴的人所寫的評傳，根本不需要在意。」

閱讀石原莞爾的著作，聽與石原莞爾交情長達二十一年的高木清壽現身說法，透過這些經驗，我除了發現石原莞爾的評傳有幾項特徵外，也具有特殊的歷史意義。我將其稱之為撰寫石原莞爾評傳的三項條件。

（一）是否能夠寫出高品質的石原莞爾評傳，取決於下一代人的能力。

（二）近代日本的全貌都濃縮在石原莞爾走過的六十年人生之中。

（三）石原莞爾提出的問題沒有消失，現在也依舊尋求我們的解答。

如果非說不可的話，走過明治、大正、昭和的軍人石原莞爾，依舊活在現在這個時代。自昭和二十四（一九四九）年八月十五日（戰敗第四年的紀念日）病逝起，至今已經過了七十個年頭，我們是否能夠回答石原莞爾的提問呢？我這次首度嘗試藉由描繪石原莞爾身處的昭和前期的幾個場面，希望藉此釐清在現代史上具有重要意義的提問。同時，也希望整理上述「撰寫評傳的三項條件」的基礎。

戰後說了什麼

石原莞爾的評傳在戰後的日本，包括高木清壽所著的《東亞之父石原莞爾》在內，共有二十餘冊。當然，我幾乎每一本都曾過目。當中有幾個值得提及的重點。幾乎所有著作都未能完整描繪石原莞爾的人格，只片面地描繪作為軍人的石原莞爾，或提出《世界最終戰爭論》的石原莞爾。這想必是採訪的範圍有限之故。當中還包括一開始就把石原莞爾當作「神附體」撰寫的評論，僅有一、兩本具說服力地描繪石原莞爾的形象。許多書籍都詳細記載石原莞爾直到敗戰之前的人生，但卻很少提及「戰後的石原莞爾」。我反而認為這一點最重要，因此感到非常可惜。

在此背景之下，我首先希望思考上述三項條件之中的第三項。究竟石原莞爾的提問是什麼呢？

石原莞爾是在山形縣鶴岡市郊外的寺院裡聽到敗戰的宣告（天皇玉音放送的廣播）。石原莞爾原本就從省部的幕僚口中得知日本答應波茨坦公告、接受「敗戰」的消息。正午，石原莞爾靜靜地坐在寺院本堂一角，聆聽廣播，直到播放結束為止。期間，據說石原莞爾靜靜地閉上眼睛。聚集的人們當中，有人放聲大哭，有人六神無主，但石原莞爾用平常的口吻反覆強調，即使戰敗，東亞的道義也不會消失，從現在開始更要發揮東亞聯盟的重要性，大家無須氣餒。

幾篇論文和發言集整理了石原莞爾戰後的發言。石原莞爾研究所於昭和四十六（一九七一）年一月出版了名為《石原莞爾這麼說》（石原莞爾はこう語った）的書籍。根據書中所述，昭和二十（一九四五）年八月十五日起至同年底為止，石原莞爾發表的冊子與論文的名稱如下：

▽〈向中國謝罪〉（中国に罪を謝せ，昭和二十年八月）▽〈滿洲事變的真相〉（満州事変の真相，昭和二十年八月）▽〈敗戰日本應走上的里程碑〉（敗戦日本の辿るべき道標，昭和二十年八月）▽〈世界文化的達觀〉（世界文化の達観，昭和二十年八月）▽〈理想日本的結構〉（理想日本の構想，昭和二十年八月）▽〈新日本的建設與我的理想〉（新日本建設とわが理想，昭和二十年八月）。

再加上之後弟子整理的發言集，共有九篇。從中可以清楚看到昭和二十二（一九四七）年五月實施日本國憲法時，石原莞爾對東京審判做出的發言，以及之後石原莞爾對憲法的獨到見解。這些發言的骨架是「敗戰似乎讓國民陷入茫然、六神無主的狀態。雖然無可厚非，但我敢斷定，完全沒有必要擔心。那是因為後來居上者也有可能獨領風騷」。敗戰是因為美國的國力優於日本，石原莞爾在戰時就已經高喊「哪有笨蛋明知會輸還硬要打仗」，這種冷靜的態度是他發言的基礎。關於石原莞爾「後來居上者也有可能獨領風騷」的說法，他於〈新日本的建設與我的理想〉當中的說明如下。他承認敗戰後的生活困苦，並強調：「我們認為歷史現在正迎接重大的轉變期，讓後來居上者有獨領風騷的機會。雖然是血腥的時代，但世界正試圖實現人類憧憬的永遠和平。日本現在雖然是馬拉松比賽當中跑在最後面的選手，但只要路線改變，反而有可能站在最前面。路線正在逐漸改變，絕對沒有必要灰心。」

「選擇放棄戰爭的道路」

根據石原莞爾的說法，所謂路線的改變指的是之後制定的新憲法。他的意思是，既然要選擇放棄戰爭這條路，那麼就要堂堂正正地朝著世界道義國家邁進，給美國好看，這樣的路線反而會讓日本有一天站在前面。

之後會再具體介紹石原莞爾在戰後的發言，他主要擁有五個重要的觀點。根據我的整理如下：（一）東京審判就好像是在審判狗；（二）有必要向中國謝罪；（三）將責任推給天皇是在模糊自己的責任；（四）美國提倡的民主主義不過是軍政；（五）新憲法反映的是將來。無論哪一點的內容都是在呼籲當時的國民要冷靜以對。

當然，石原莞爾也寫下自我反省。他在昭和二十四（一九四九）年八月的論文〈新日本的出路〉（新日本の進路）中寫下以下的內容：

「預測最終戰爭將在東亞與歐美的兩大國家群體之間發生的見解，不過是嚴重的自大，事實上必須承認是明顯的錯誤。此外，作為人類的一分子，雖然相信世界已經進入最終戰爭時代，依舊衷心祈禱能夠避免最終戰爭。」

石原莞爾提出的世界最終戰爭論，是認為東洋文明的霸者日本與西洋文明的霸者美國進行最終戰爭，之後世界走向永久的和平。而這個他親手建構的理論不過是「自大」。這是他對自己策劃的滿洲事變（譯註：九一八事變）所做出的反省。此外，他也指出，滿洲國建國不久後就失去中國方面的信賴，這是因為日本的官僚和軍事領導者階級只顧自己的權益所致。在了解這些背景後，接下來希望思考石原莞爾對我們的提問究竟是什麼？藉由回答石原莞爾在歷史上提出的疑問，石原莞爾在歷史上才有其存在的意義。

東條英機與石原莞爾的對立

東條英機是陸軍士官校第十七期生，石原莞爾是第二十一期生，因此東條英機比石原莞爾年長四歲。雖然不確定兩人從何時開始變得水火不容，但昭和十年代時期，兩人的對立已經無藥可救。兩人對立的部分史實流傳了下來，部分則無。接下來將探討石原莞爾與東條英機的不和睦為軍內帶來多少負面影響？東條英機有多麼忌諱石原莞爾？仔細描寫詳細實情，同時揭露昭和陸軍是多麼庸俗的集團。

遠東國際軍事法庭（東京審判）開庭後約一年的昭和二十二（一九四七）年五月

一日和二日，在山形縣酒田市開設臨時特設法庭。石原莞爾以證人的身分，接受法官及檢察官的訊問。一開始法官對石原莞爾說，如果對於審判有什麼見解，可以提出。石原莞爾於是說了下面這一段話：

「滿洲事變的中心是我。在滿洲建國的也是我，為什麼我沒有被逮捕成為戰犯？實在是不可思議。」

與法官一起站在石原莞爾面前的其中一位檢察官制止他說道：「你是以證人的身分接受訊問，不需要闡述個人的意見。」包括美國在內的各國記者對石原莞爾充滿好奇，紛紛前往採訪，對於他的意見表示贊同。甲級戰犯當中，不乏有人用盡辦法想要逃避追訴，也因此石原莞爾的態度更具有說服力。至於石原莞爾為何沒有遭到追訴，是因為他明顯反對日中戰爭和太平洋戰爭，且徹底對抗東條政權。

訊問過程當中，法官問道：「你是否與東條英機對立？」針對這個問題，石原莞爾的回答如下：

「我沒有與他對立。日本人之中也有人問過這個愚蠢的問題，但東條英機既沒有思想也沒有意見。我多少擁有自己的意見。與沒有意見的人之間怎麼可能產生對立。」

接下來他又繼續闡述自己的意見：「看到東京審判，包括東條英機在內，日本的戰犯都是權力主義者，媚於權力。當時擁有龐大勢力的人都是些作美夢的人，沒有一個人值得送交花費龐大金錢、聚集世界菁英進行的國際審判。都是一些像狗一般的人。美國戰勝，現在是世界的大國。世界大國抓一群狗進行審判，會被後世恥笑，這是美國的恥辱。還不如結束審判回去吧。」

「既沒有思想也沒有意見的軍人」

石原莞爾說的話的確帶刺。在東京審判的檢察官團和法官團面前這麼說話不僅是單純的勇氣，更是因為他對自己擁有強烈的自信。他也曾經不畏懼地在東條英機面前這麼說話，對於隨時希望聽到周遭人對他說甜言蜜語的東條英機而言，與石原莞爾對立也是理所當然的事。

下面介紹兩個昭和十年代的故事，說明東條英機和石原莞爾對立的情況。根據石原莞爾的說法，東條英機「既沒有思想也沒有意見」，而東條英機則認為石原莞爾是「擾亂陸軍制度的軍人」。東條英機是軍官僚，認為下屬只要聽從上官和上司的指令即可，兩人因此發生衝突也不是難以想像之事。

昭和十二（一九三七）年九月，石原莞爾被解除參謀本部作戰部長的職務，轉任關東軍參謀副長。任誰看來都是降級。簡單來說，統整全體日本軍作戰的負責人被調到負責關東軍作戰的參謀長之下。從該年七月開始的日中戰爭，各省部逐漸傾向擴大戰爭，而石原莞爾反對並持續主張不應該擴大，這項調職可以說是對他的排擠，或者欲將其趕出陸軍。

石原莞爾的上司，也就是參謀長之位，由東條英機擔任。企圖擴大日中戰爭的陸軍大臣和參謀長們把石原莞爾安排在東條英機之下，可說是為了監視在軍內具有人望的石原莞爾。關於這項人事調動，石原莞爾回應：「我是陛下的軍人。無論擔任哪一個職務，都不是降級。」根據當時擔任石原莞爾秘書的高木清壽所說，石原莞爾心境淡然，前往關東軍赴任。

東條英機和石原莞爾在相鄰的兩個房間內執勤，但很少碰面，勤務方面的溝通幾乎都是透過副官傳達。曾經擔任參謀長和參謀副長副官的泉可畏翁曾經對我說，他在兩人手下工作時嘗盡苦頭。他首先將關東軍各參謀起草的文件拿給參謀副長石原莞爾過目，石原莞爾仔細閱讀，並用鉛筆推敲修改。經過他的修改，這些起草文件馬上變得有意義。

對於滿洲國，石原莞爾主張日本雖然擁有內部指導權，但終究只是扮演提供建議的角色，不應該直接參與最終決定。泉可畏翁把根據此一立場起草的文件拿給東條英機，然後就發生了有趣的事。泉可畏翁除了提供他的證詞外，也將過程寫了下來。「東條先生紅著臉，把石原先生寫下的字用橡皮擦擦掉。說什麼也不能讓石原先生寫下的內容被採納。與其說是與石原先生對抗的意識，更顯露出器量的不同。」

批判關東軍的傲慢自負

泉可畏翁也是軍人，因此非常了解兩人的立場。他回憶，關於東條英機認為滿洲國應該受日本統治這一點，與石原莞爾完全不同。的確，石原莞爾逐漸開始強烈批判東條英機等派往滿洲國的軍人和官僚，試圖將獨立的滿洲國變成日本的傀儡，並指出這些人為了自己的利益，強行將內部指導權解釋成日本統治的權力。石原莞爾不滿東條英機的強權，又指出關東軍的公費被用在國防婦人會，更進一步尖銳地批判東條英機。對於東條英機各種姑息的作法，石原莞爾當著東條英機的面說道：「你的性格就是一個強詞奪理的軍曹。」石原莞爾又出席位於滿洲國內的協和會和東亞聯盟發表演說，批判關東軍的傲慢自負。與東條英機之間的裂痕愈來愈大。

為防止石原莞爾的批判殃及軍中央，東條英機蓄意利用其言行。同時進行人事調動，試圖孤立石原莞爾。由於批判軍人對滿洲國的介入，讓石原莞爾在關東軍中也遭到孤立。石原莞爾的個性是造成這種情況的因素之一。他無法原諒朝著與自己規劃不同方向前進的滿洲國，和從中推動的日本軍人。

關東軍參謀長與參謀副長立場上的對立之後也持續，從中顯露出多個為人處事的相異點。接下來看到昭和十六（一九四一）年一月的光景，兩人的對立浮上檯面。成為陸相的東條英機對軍中下達「戰陣訓」。由於日中戰爭長期化，日本士兵露出疲態，士氣低落，士兵們的言行粗野，發生許多違反軍令之事。對此，戰陣訓是在訓示士兵「拚死作戰，不能成為俘虜」。全國各地的師團長和連隊長進行各種形式的活動，對士兵下達東條英機的戰陣訓。當然，隨著東條英機的勢力擴大，誇張表現自己也是其中一項目的。當中甚至有人下令士兵跳「戰陣訓舞」，希望藉此提高自己的分數。

尋找與中國融合之道的東亞聯盟

石原莞爾這時擔任的是京都第十六師團長。當「戰陣訓」送到第十六師團時，他說：「沒必要把這種東西發給士兵」，並下令堆積在倉庫裡。根據石原莞爾的說法，明明已經有天皇下達的「軍人敕諭」，「戰陣訓」彷彿疊床架屋，多此一舉。而且這不過是為了補足東條英機的權力，並認為派發這樣的文件反而對陛下是一件失禮的事，因此完全不予理會。

事實上，東條英機在派發「戰陣訓」前的昭和十五（一九四〇）年十二月，策劃將石原莞爾調為後備役，但軍內仍有支持石原莞爾的勢力，東條英機擔心這些軍人會發起反東條的行動。東條英機從石原莞爾擔任關東參謀副長時代起，就將他視為協和會及東亞聯盟背後的指導者，下令憲兵隊與特高警察進行調查。東條英機憎恨石原莞爾，他的行動也愈來愈接近病態。

石原莞爾於擔任京都師團長時代，不僅經常在東亞聯盟發表演說，也在立命館大學等教育機構與街頭，進行成為之後《世界最終戰爭論》基礎的演講。這也代表石原莞爾認為軍內無望，而將活動的重心轉往軍外。可說是由石原莞爾創建的東亞聯盟，主張與中國融合、合作，內容與堅持強硬論調的軍隊首腦界線分明。當時東條英機的心態簡單來說如下：東條英機視東亞聯盟的主張為「敗北主義」，這是因為「東條英機認為這是從正面反對他所主張的對中強硬路線。不僅如此，政府的亞洲政策亦給予石原莞爾喚起國民反對意見的絕佳政治基礎。」（馬克．皮蒂〔Mark R. Peattie〕*Ishiwara Kanji and Japan's Confrontation with the West.*）。東條英機與石原莞爾的關係，在昭和十六（一九四一）年石原莞爾被編入後備役後，軍內的對立場面告一個段落。然而，在太平洋戰爭期間，東條英機依舊執著於繼續監視石原莞爾，特高警察的幹部每個月都會前往石原莞爾處施壓。石原莞爾嘲笑這些幹部：「你回去報告，石原莞爾和他的同夥正在商量如何打倒東條英機。」

禁止發行《戰爭史大觀》

兩個人的對立在太平洋戰爭期間（三年八個月）也不時上演。被逼成為後備役的石原莞爾立刻就任立命館大學教授，講授軍事學。根據秘書高木清壽的證詞，京都第十六師團的各參謀因為害怕東條英機的報復，沒有公開幫石原莞爾舉辦退役紀念會。為了紀念退役，同時也為了當作學生的教科書而刊行的《戰爭史大觀》，亦遭到內務省下令禁止發行。對於這項措施，石原莞爾勃然大怒，責問相關機構。

最終，石原莞爾甚至寫下抗議的書簡送交東條英機。抗爭一直持續到轉向對美戰爭的八、九月。

檢視三年八個月的對立情況後會發現，石原莞爾愈來愈痛恨東條英機。而東條英機也非常憎恨石原莞爾。然而，針對「大東亞戰爭」的評價，姑且不論憎恨東條英機的情感，石原莞爾對於弟子和其贊同者認為這場戰爭是「世界最終戰爭」的看法有所動搖，與東條英機的對立也愈來愈混亂，這一點必須補充說明。雖然無法說「石原莞爾都是對的」，但必須特別強調，東條英機對石原莞爾的情緒，已經到了兒戲的程度。

東條英機畏懼石原莞爾。他害怕在軍內擁有一定贊同者的石原莞爾若有什麼動靜，可能危及自己的地位。

東條英機害怕成為立命館大學教授的石原莞爾在大學內批判自己，於是試圖施壓，把他趕出大學。察覺這個動靜的石原莞爾於昭和十六（一九四一）年九月，主動辭去教授一職，回到故鄉山形縣鶴岡市。立命館大學內，追隨石原莞爾提倡東亞聯盟的學生陸續遭到逮捕與拘禁，因此石原莞爾也不得不辭職。在《戰爭史大觀》遭禁時，中央公論社寫了一封信給石原莞爾，說明事情經過。以下是其中一段內容：

「（內務省檢閱課的大城事務官）向我們致歉，表示延遲《戰爭史大觀》的檢閱結果是因為需要經過當局許多人的仔細檢閱，但最終決議給予絕版的處置。至於絕版的理由，無論如何詢問，得到的答案都是『一般安寧』和『軍秩紊亂』兩點（以下略）」。也就是宣告這本書破壞社會安寧，造成混亂，因此禁止發行。中央公論社刊行的《戰爭史大觀》並未送進書店，而是交由警察保管。順道一提，據說警察保管的一萬餘冊書籍被陸軍內部的軍人偷偷拿走，轉眼間倉庫裡連一本也不剩。

田中隆吉所寫的道歉信

憲兵隊污衊石原莞爾和與他同調的東亞聯盟會員為「赤化分子」或「從事對天皇不敬的行為」，不僅平時監視石原莞爾的行動，警察更在沒有任何罪名的情況下，拘留高木清壽等核心會員。高木清壽前後遭到三次拘留，最久的一次長達七個月。東條英機下令調動憲兵隊的兵務局長田中隆吉負責打壓。石原莞爾寫信給田中隆吉，責問他為何打壓？為何禁止書籍的發行？這些是否都是田中隆吉之意？結果，田中隆吉寫了一封慎重的道歉信給石原莞爾。高木清壽在《石原莞爾全集》第一卷末的解說中，詳細寫下這一段經過。下面引用部分內容。田中隆吉的道歉信全文中首先寫道：「作為平素對閣下的忠誠信念備受感動的小生」，關於《戰爭史大觀》，他的記述如下。這是一段非常重要的記述。

「小生拜讀了閣下的著作。絲毫沒有可疑之處，現在日本諸公之中，了解民族問題者除了板垣（征四郎）將軍和閣下外寥寥無幾，實在遺憾至極。」又說，「在眼下極為複雜的環境中，正努力恢復軍隊原本應有的樣子，還希望借助閣下之力。」

沒有任何問題。調動憲兵的部門負責人說沒有任何問題。這是發生在昭和十六（一九四一）年九月五日的事。石原莞爾看完這封信後，請陸軍省軍事課長真田穰一郎轉達東條英機，說東條英機如此濫權實在荒唐。下面引用高木清壽的文章：

「真田穰一郎是人盡皆知的老實人，因此沒有拐彎抹角，如實轉達東條英機。東條英機狼狽不堪。當著真田大佐的面說：『搞什麼，明明就是田中隆吉要下手我才這麼做的』，開始互揭瘡疤。」高木清壽當然認為這是東條英機在推卸責任。之後東條內閣成立，高木清壽遭憲兵司令部扣押，被指責「試圖在背後偷偷出版石原將軍的《戰爭史大觀》」，受到各種威脅。他於是道出田中隆吉所寫的道歉信，沒幾天後就獲得釋放。

反對「長期持久戰」

這是發生在太平洋戰爭開始前兩個月左右的事，東條英機預估若日美開戰，石原莞爾和東亞聯盟的組織必會有異議，於是想盡辦法要他們閉嘴。實際上，石原莞爾對於東條英機的這種態度感到憤怒，批判「東條軍閥違反天皇陛下的敕諭」。

回到故鄉鶴岡的石原莞爾繼續前往東亞聯盟位於各地的分部發表演說，提倡自己主張的最終戰爭論，以及與中國攜手開創亞洲新秩序的論調。昭和十六（一九四一）年十二月八日，日本軍偷襲珍珠港，當時石原莞爾並未特別批判東條英機，但提出他的見解，認為究竟為何與美國作戰的基本原則不明，這樣的戰爭沒有意義（十二月十二日於高知縣的演講，講題是〈大東亞戰爭和東亞聯盟〉）。關於這一連串的作戰，他盛讚海軍「國民不知道該如何感謝偉大的海軍」。隨著狀況的演進，這樣的認識事實上讓石原莞爾和東條英機的對立，變得進退兩難。

石原莞爾從兩個角度看待太平洋戰爭。第一是從東亞聯盟的角度，認為這場戰爭是為了「日華和平」的戰爭。他在高知縣上述的演講中也提出同樣的論點，他認為不僅要締結和平條約，更是「締結軍事同盟」、「設置經濟協議機構」的機會。與汪兆銘（汪精衛）的南京政府和重慶的蔣介石政府締結和平還不夠，在締結軍事同盟的同時，更希望經濟整體化。第二個角度是認為這場戰爭就好像是終究會發生的世界最終戰爭（對美戰爭）的前哨戰，要在一定的範圍內結束戰爭，為了幾年後可能發生的最終戰爭做好準備。石原莞爾向人們講述他得到的結論。

上述兩點是石原莞爾對於太平洋戰爭的評論，認為不應該進行長期持久戰。利用緒戰的結果，從與中國締結和平條約轉向軍事同盟，這的確是符合石原莞爾風格的想法。這場戰爭正是為了確立東亞聯盟體制而有的戰爭。相對於此，東條內閣發動戰爭的理由是為了確立石油供給體制的大東亞共榮圈思想，與中國的戰爭是根據軍事上將中國納入日本之下的想法進行，也就是把中國當作日本的傀儡政府。為此，整體方針必須徹底以軍事行動壓制中國，無法跳脫做好長期持久戰心理準備的想法。

隨著太平洋戰爭的進行，石原莞爾反覆強調，如果演變成長期持久戰，那麼日本不是美國的對手。昭和十九（一九四四）年六月，「阿號作戰」失敗，塞班淪陷，石原莞爾這時已經確信日本即將敗戰，不可能贏得戰爭的勝利。雖然真偽不明，但根據橫山臣平所著的《秘錄石原莞爾》（昭和四十六（一九七一）年刊行）所述，在戰況還算不錯的昭和十七（一九四二）年十二月，東條英機眼見戰況有利，便要求與石原莞爾會面。想必是欲採取所謂的懷柔政策。關於兩人的會面，不僅高木清壽承認，東條英機當時的秘書官赤松貞雄也承認，因此石原莞爾恐怕確實曾造訪首相官邸。

東條英機要求他協助時局，據說石原莞爾當時對著東條英機說道：「你沒有領導國家、執行戰爭的能力，你的退出至關重要。」關於這一點，我認為石原莞爾方面的證詞稍微誇大。東條英機情緒激昂，不僅兩人分道揚鑣，之後東條英機更露骨地動用憲兵和特高警察，下令他們報告石原莞爾每天的一舉一動。

追加說明，隨著戰況惡化，到了東條政權末期和之後的小磯國昭、鈴木貫太郎內閣，憲兵隊和特高警察當中也出現贊同東亞聯盟思想的人，權力內部的消息反而集中到石原莞爾和他的親信手裡。

東條英機暗殺計畫

石原莞爾與東條英機的對立可說是戰爭觀的不同和性格方面的鬥爭，從昭和十九（一九四四）年六月的東條暗殺未遂事件可以看到兩人最終的抗爭。

石原莞爾當然沒有直接參與暗殺事件，也未充分掌握暗殺計畫。然而，實際執行暗殺計畫的是受到石原莞爾影響的軍人，而參與這項計畫的民間武道家則是東亞聯盟的熱心會員，石原莞爾也記得他。由於這幾個要素重疊，雖然是間接的關係，但石原莞爾也在這個事件中留名。

再度補充說明，東條英機身邊的多位軍人為了醜化石原莞爾，因此想盡辦法逼他承認是「袒護恐攻的軍人」，這一點讓我印象深刻。

關於這個暗殺未遂事件，詳情至今不明。我也在昭和五十年代時與多位相關人士見面，確認詳情。然而，真相依舊在黑暗之中。

唯一可以確定的是，從支那派遣軍司令部調回大本營參謀本部的津野田知重少佐回到東京後，接觸了內部機密文件，赫然發現戰況惡化的情形，整個事件就是從這時開始。津野田知重認為現在的日本面臨國家存亡的危機，於是下定決心打倒東條內閣。津野田知重受到在軍內擁有一定力量的石原思想的影響。

由於東條暗殺未遂事件的執行日與東條英機下台的日子幾乎同時期，因此沒能成真。然而在闡述昭和史的時候，有必要知道隨著太平洋戰爭的發展，許多人都想要暗殺東條英機。這些人包括軍人、華族，甚至昭和天皇周遭的人。

為什麼範圍如此廣泛？答案非常簡單。任誰都可明顯看出戰爭的惡化，但東條英機卻沒有思考終戰的計畫，只是一味地向前推進戰爭政策，被批判這根本是「亡國之道」。看到高松宮殿下的日記，上面記述昭和十九年七月時，暗殺東條英機的流言就已經傳到高松宮殿下的耳裡，這讓我著實震驚。當時的海軍幹部說道：「不能用平時的思維看待這件事情。當時，幾乎所有身居要職的人都認為，如果不能打倒這個有如獨裁者一般的人物，那麼日本的後果不堪設想……」多次強調平時與戰時的不同。

柔術家牛島辰熊

首先理解這樣的背景，再來描述東條暗殺未遂事件。事實上，這個事件涉及的範圍很廣。當然，石原莞爾既非中心人物，也不是策劃者，他只是東亞聯盟的領導者之一。然而，這是由景仰石原莞爾的弟子們所策劃的事件，因此歷史上不當地將責任歸咎在石原莞爾身上。

在《木戶幸一日記（下）》中，關於昭和十九（一九四四）年九月二十六日的記述如下：

「自東條內閣末期（保阪正康註記：東條首相於昭和十九年七月十八日辭職）起，部分軍隊人士與民間聯繫，出現顛覆打倒東條內閣的陰謀，據說由大本營參謀津野田（知重）少佐策劃。其全貌尚在調查之中，綜合各方面的說法如下：

一、與石原莞爾中將、淺原健三有關。

二、後繼內閣的陸相石原中將、參謀總長小畑敏四郎。

三笠宮，支那派遣軍總司令官。

竹田宮，文部大臣等參與謀劃。」

想必木戶幸一是從陸軍內部高層（侍從武官長等）取得相關資訊。看起來像是以石原莞爾為中心策劃的政變，但這些情報都來自受東條英機影響之下的憲兵隊。當中唯一可以斷定的事實是與大本營參謀津野田少佐有關，勉強說中了這一點。順道一提，淺原健三是勞動工會運動的領導者。

我問石原莞爾的秘書高木清壽：「如果想要掌握事件的全貌，應該去見誰？」結果高木清壽毫不猶豫地說道：「當然是牛島辰熊先生。他和津野田少佐同為這個事件的主角。」高木清壽於是幫我寫了介紹信。

我於昭和五十三（一九七八）年春天拜訪位於東京目白的牛島宅邸。之後又見過幾次面，我對這號人物充滿尊敬。

牛島辰熊在昭和前期是著名的柔道家。他很討厭「柔道」這個詞彙，自稱柔術家。問道為什麼不說柔道，他主張武道原本是「或生或死」的戰鬥，現在變成單純的武藝，這件事本身就是柔術的墮落。昭和六、七（一九三一、三二）年連續在全日本柔道選手權中優勝，昭和十（一九三五）年創立牛島塾，培育出木村政彥、甲斐利之等人。昭和十年代，牛島辰熊與東亞聯盟的關係愈來愈密切，與屬於石原莞爾直系的軍人今田新太郎是同志的關係。另一方面，牛島辰熊也擔任宮內省和警視聽的柔道師範。

「再這麼下去日本將會滅亡」

我與牛島辰熊會面時，他說：「因為是高木先生的介紹，我才與你見面。關於東條暗殺未遂事件，我也是當事人之一，所以可以詳述。但我有兩個條件。」牛島辰熊龐大的身體沉入會客室裡的沙發，用銳利的眼神盯著我看。「哪兩個條件呢?」他於是提出自己的條件。

「第一，我尊敬天皇陛下，因此在我面前希望你用敬語說話。另外則是，我景仰石原將軍為師，因此請不要說出詆毀老師的話。」

我立刻答應他的條件。之後我才知道，在昭和九（一九三四）年五月舉行的皇太子御誕生奉祝御前賽之前，牛島辰熊罹患名為肝吸蟲的危險疾病，差點因此喪失性命。或許是昭和天皇關心這位柔術家的病情，下令身邊的人「帶牛島辰熊去京都的松尾內科看病」，牛島辰熊因此認為自己是因為天皇才得救。

在我造訪前約一年，牛島辰熊自費出版了《志士牛島辰熊傳》。當中記錄了這個暗殺未遂事件的全貌。雖然這本書是從牛島辰熊的角度來看，但由於這個事件是與上述的津野田少佐共同發動，因此有詳細的描述。

由於我信任牛島辰熊這號人物，因此我以這本書為基礎，再根據後來採訪相關人士的證詞進行記述。

津野田知重於昭和十八（一九四三）年二月轉任支那派遣軍參謀。當時的參謀長是今田新太郎。今田新太郎是十分敬畏石原莞爾的高階軍人，同時也是東亞聯盟的會員。津野田知重深受今田新太郎人格和思想的影響。此外，三笠宮殿下也在支那派遣軍總司令部，在每天與津野田知重接觸之下，建立堅固的友誼。津野田知重回到大本營參謀本部後，檢閱各種史料和文件，結果發現「再這麼下去日本只有慘敗一途，為了避免這樣的結局，必須打倒東條英機武斷的政府，整肅軍隊，建立以皇族為首、堅強有力且舉國一致的內閣，展現國民的團結力量，和平交涉對日本有利的條件。如果不這麼做的話，日本恐怕會滅亡。津野田知重開始懷抱此一堅強的信念。」（出自《日本憲兵正史》）。

津野田知重一出大本營，立刻造訪牛島辰熊宅邸。牛島辰熊是今田新太郎的盟友，與津野田知重也有數面之緣。根據牛島傳（以下皆以「牛島傳」稱呼《志士牛島辰熊傳》）的記述，津野田知重一開口就說：「大事不妙。」津野田知重向牛島辰熊具體敘述日本軍的現況，並強調戰況惡化的情況比他在支那派遣軍時代聽說的更糟糕。

「例如接下來準備前往九州防衛的軍隊。別說是一把槍，就連一把牛蒡劍（譯註：外形像牛蒡的軍刀）也沒有。赤手空拳扛著鏟子。世界上哪有這樣的軍隊？這樣不行。」

趁東條英機外出時襲擊

之後，津野田知重幾乎每日造訪牛島辰熊住家。並曾說過下列這一段話：

「日本無疑會戰敗。然而，東條英機至今依舊欺瞞國民，發表戰勝的不實消息，惟恐天下不亂……」

津野田知重將大本營內部的情報透露給牛島辰熊，根據牛島辰熊所述，兩人曾經有過以下對話，取得共識。

「無論如何都不能繼續放任東條英機。」牛島辰熊怒火中燒。

牛島辰熊原本就對東條英機稱他敬為老師的石原莞爾為「小紅」（譯註：アカ，用來指共產主義者的侮辱用語），又將石原莞爾趕出軍部一事感到強烈憤怒。

「如果他無論如何也不願下台，該怎麼辦？」

根據津野田知重所言，牛島辰熊回答：「到那個時候，我會殺了他！」津野田知重也說：「這也是無可奈何之事。」

牛島傳中寫下了牛島辰熊的怒火。下面引用其中一段內容：

「誤判戰爭情勢，讓國民飽嘗生靈塗炭之苦，東條英機作為領導者卻置之不理。此外，私底下情同兄弟的今田新太郎也被派到戰地，且東條英機又對東亞聯盟施加無可言喻的壓力等，公憤私恨難平。牛島辰熊因此下定決心，即使犧牲自己，也要拿東條英機來血祭。」

即使牛島辰熊心中這麼想，但還是希望盡量在昭和天皇的聖斷下，命東條英機辭職，非法行為是最終不得已的手段，兩人於是商討強硬的手段和穩健的手段。兩個人的想法彙整成名為〈對大東亞戰爭現況的觀察〉的意見書。這篇文章之後遭到燒毀，但在津野田知重和牛島辰熊等人遭到逮捕後，曾經闡述當中旨趣。

內容以「由東久邇宮殿下負責政局」、「直接與蔣介石政府交涉，首先無條件撤回在大陸的軍隊」、「東條英機即刻下台，整肅軍隊」、「以蘇聯為仲介，進行對英行動。為此，承認中蘇友好同盟條約中對滿洲的處置」等五個項目為骨架，另外還包括「趁東條英機外出時，由牛島辰熊及其手下襲擊」的具體暗殺計畫。

據說津野田知重和牛島辰熊打算將計畫告知天皇的親信（秩父宮、高松宮、三笠宮等皇族）。津野田知重省略具體計畫，將只寫下架構的意見書交給三笠宮殿下，希望能上達天皇。兩人還商討，除了皇族外，還應該將意見書交給誰？關於這一點，牛島辰熊如此寫道：

「首先是石原莞爾將軍。牛島辰熊認為，若想要執行上述的戰略，除了石原將軍外沒人能做到。第二個提到的名字是小畑敏四郎。他是今田新太郎讚不絕口的名將軍，在東條英機下台後，預計由他擔任內政。另外還有盟友淺原健三、內原訓練所的加藤完治氏。一定要將意見書交給他們，聽聽他們贊成與否的意見。」

昭和陸軍的失算在於人事異動

記有上述意見書和具體行動的文件總共製作了九份。兩人商討該如何與這些人接觸，決定親自拜訪石原莞爾和小畑敏四郎，尋求他們的意見。兩人於昭和十九年七月九日，秘密拜訪人在鶴岡的石原莞爾。據說當時石原莞爾穿著工作褲說道「你們兩個，大老遠跑來，」於是將兩人帶進後堂。

石原莞爾在讀完兩人的意見書後說道：「現在無法立刻說出意見，讓我想一想。」據說石原莞爾在隔壁房間又仔細研讀了一遍。不久後回到後堂的石原莞爾用低沉的聲音回覆：「內容很好，但我認為不可能實現。以目前的狀況來看，所有事情都為時已晚。」

石原莞爾拿出當天早上寫著「美軍登陸塞班島」的號外。塞班島成為B－29轟炸機的基地，石原莞爾預測日本將受到不間斷的攻擊，又說：「無論如何，解決之道首先必須讓東條英機下台，另外啟用受到異民族信任的統帥。」據說這個時候的石原莞爾明顯展現出打從心底輕蔑東條英機的態度。

「那傢伙就好像牛或馬，在被送到屠宰場之前，不，應該說不被宰殺搞不清楚狀況。原本就是一個不懂得自我反省的人……」

牛島辰熊認為石原莞爾的這段話代表同意兩人想出的具體非常手段。離開的時候，石原莞爾緊盯著牛島辰熊的臉。根據牛島辰熊的描述，石原莞爾的表情就好像在說：「這個人真的要暗殺東條英機嗎？可能以後再也看不到他了。」

透過牛島辰熊觀察「東條英機與石原莞爾」的對立，可以明顯看出昭和陸軍最大的失算，無疑就是昭和十年代的那場人事異動。這場暗殺未遂事件讓昭和的黑暗浮出檯面。東條英機這邊被逼到牆角的軍人們也開始策劃挽回頹勢的政變。

遊說皇族

兩人回到東京之後，造訪小畑敏四郎中將位於狛江的宅邸，把意見書交給他過目。小畑敏四郎說希望考慮兩天，之後又對兩人說道：「東條英機晚我一期（保阪註記：陸軍士官學校畢業的時期），我很了解他的性格和習慣。東條英機這個人能力至多當個連隊長，完全不是師團長的料。硬是讓這樣的人當一國的首相，負責指揮戰局，實在是日本的悲劇。東條英機的性格是一旦認定如此，就算一般而言不通用的事情，他也會強行通過。」據說他穿插青年將校時代起的多個故事，說出東條英機如何不適任首相。

為何像東條英機這般無法顧全大局的人會繼續指揮戰爭呢？恐怕必須承認這是當時所有軍人的疑問。石原莞爾和小畑敏四郎的見解，代為說出軍內幹部們的心聲。牛島辰熊和津野田知重在確認過兩人的意見之後，開始更具體地推動他們的計畫。在此必須強調，無論是石原莞爾或小畑敏四郎，都沒有全面肯定暗殺東條英機。這一點必須再次認清。

兩人認為接下來要遊說皇族。

津野田知重與三笠宮殿下是陸軍士官學校的同期學生，也經曾同為支那派遣軍的參謀一起共事，平時就有深厚的交情。於是，津野田知重希望透過三笠宮向天皇傳達東條英機已經不適合代表軍方，而且他所領導的戰爭不斷地走向滅亡，無論如何都必須把他換下來。牛島辰熊並沒有充分掌握津野田知重的這個舉動，僅從津野田知重口中得知，三笠宮殿下回覆會遊說兄長秩父宮和高松宮，告訴他們東條英機無法領導戰爭，如果不能盡早結束戰爭，後果不堪設想。他也聽說高松宮殿下回覆海軍內部對凡事聽命於東條英機的海相嶋田繁太郎不滿，有必要進行某種形式的改革。

執行暗殺前的「總辭」

牛島辰熊與津野田知重判斷第一階段進行順利，於是秘密開始進行第二階段，也就是非法的暗殺。兩人商討要用什麼形式進行暗殺。如果用手槍或手榴彈，不小心失手很容易失敗。津野田知重提出令人意外的方案。下面引用牛島辰熊的自傳：

「習志野的瓦斯學校有一個名為『茶瓶』的秘密武器，是一個灌滿氰化氫的炸彈。只要將這個玻璃容器丟進戰車裡，方圓五十公尺內的生物就會立刻死亡，是一種非常可怕的武器。投擲的人當然也會喪命，所以是自殺式的攻擊，但牛島辰熊原本就不打算殺了人之後繼續活下去。」

津野田知重負責準備炸彈，由牛島辰熊實際執行。至於要在何處以何種方式投擲，他們實際走訪各個場所，最終決定下手的地點。當時的內閣會議在宮城內召開，他們決定在往返途中攻擊首相乘坐的車輛是最佳方式。

「車子從平河門開出來後，快到祝田橋的時候有一個轉彎處，決定趁車子減速時下手。轉彎處沿著車道的地方剛好有一條寬三尺、深三尺的溝，非常適合埋伏攻擊。（略）作為刺殺禍害國家元凶的地點，再好不過。」牛島辰熊如此寫道。

由於這是豁出性命的刺殺行動，牛島辰熊返回沼津，與疏遠的家人做最後的告別。到了七月中旬，為了決定執行的日期，他調查了內閣會議召開的日期和東條內閣的動向。然而七月十八日，牛島辰熊因故前往皇宮警察署，正當他在部長室與部長閒聊時，一名職員走進來，淡淡地說道：

「今天的內閣會議恐怕會延長。根據警視廳的報告，內閣似乎準備總辭。」

牛島辰熊慌了手腳，盡力掩飾不讓部長發現端倪。不久後傳來「部長，東條內閣總辭」的報告。牛島辰熊對這個出乎意料的發展感到吃驚，他得知是天皇明確向東條英機表達不信任之意。所有事情都朝著牛島辰熊希望的方向發展，他將這個不可思議的偶然視為命中注定。他先以「也許只是自我滿足」開頭，繼續寫道：「也許會被認為是往臉上貼金，但我不禁認為，牛島辰熊等人想出透過皇族的合法手段逼迫東條英機下台，如今天皇終於做出聖斷。」

牛島辰熊回想當他從皇宮警察署出來的時候，剛好遇見跟著閣僚坐上敞篷車的東條英機從坂下門離開。他除了寫下當時不禁小聲說出：「把日本逼到這般地步的元凶！」同時也強烈意識到自己不再需要捨棄性命。他認為是天皇救了自己的命。

三笠宮殿下的反駁

以上是準備執行東條暗殺計畫一方的紀錄和記憶，可說是表面上的「史實」。據說牛島辰熊和津野田知重舉杯，慶祝無須執行暗殺計畫就讓東條英機下台。

接下來的內閣由小磯國昭負責。牛島辰熊與小磯國昭非常親近，在前往向他祝賀時，建議一定要啟用石原將軍。小磯國昭也認同，於是以寫信請求協助的形式，希望石原莞爾能夠入閣。牛島辰熊飛往鶴岡說服石原莞爾，石原莞爾沒有答應，說道：

「請轉告小磯先生，我這把老骨頭不堪重任。」我詳細聽說了這個不為人知的故事。

這個暗殺未遂事件的「表面」，還有另一個史實。下面快速說明。

九月二日，津野田知重在出勤途中遭到憲兵隊逮捕。暗殺未遂事件敗露，津野田知重作為中心人物，遭到逮捕。憲兵也在三天後前往牛島辰熊住處，他被拘留在九段的收容所內。牛島辰熊不清楚計畫為什麼會洩露。被關在憲兵隊的津野田知重在與牛島辰熊擦身而過時，小聲說了一句「三笠先生」。計畫似乎是從這裡外洩。

當然，計畫是否真的是三笠宮殿下外洩，至今仍是一個謎。戰後，根據津野田知重一方的紀錄（津野田知重兄長的著作）和部分憲兵隊的筆記，憲兵隊曾詢問三笠宮殿下是否計畫與石原將軍聯手。三笠宮殿下大吃一驚，與母親貞明皇后商量，想到在二二六事件的時候，傳出秩父宮似乎與青年將校勾結的謠言，讓皇族備感困擾，貞明皇后於是告訴三笠宮殿下，如果手上有類似的文件，最好交給對方（保阪註記：指的是憲兵隊）。三笠宮雖然不願意，但據說最終還是交給了憲兵隊（以上的說法是根據牛島辰熊的回憶）。

結果，津野田知重和牛島辰熊等人被送交軍法會議。昭和二十（一九四五）年三月，判士長（編註：舊日本陸海軍軍法會議的最高裁判官）：「被告等人的計畫是出自對國事的擔憂，現在的情勢也正逐漸朝著被告擔心的方向發展。」反而讚賞他們的心情。最終，以紊亂國政、密謀殺人的罪名，津野田知重和牛島辰熊皆被判處監禁（緩刑）。這件事表面上落幕。

戰後，針對三笠宮方面洩露計畫的說法，據說三笠宮提出反駁。也就是說，究竟是誰洩露，這一點依舊不明。平成十七（二〇〇五）年，某出版社刊行皇室辭典，我負責執筆三笠宮殿下的部分。當中我以「根據三笠宮說法」的表現方式，提及這個事件。結果，三笠宮殿下與出版社聯絡，說明「事情並非如此」，我也因此造訪宮家。

殿下在會客室拿出各種史料（宮內廳記錄殿下的行動和軌跡的文件等），並說明關於這一點，歷史上有諸多誤會，希望我加以訂正。我聽著殿下的反駁，同時了解殿下對於計畫以未遂告終，為何還要受到制裁這一點感到痛心。當然，牛島辰熊的回憶並未向三笠宮殿下求證，但他之所以相信是三笠宮殿下方面洩露了計畫，是因為部分憲兵隊員流傳這種說法。就我的立場而言，這個事件的謎團則愈來愈多。

「完成聖戰」的政變計畫

下面還必須釐清另一個「背後」的事實。這是根據東條英機擔任首相和陸相兼參謀總長時，作為首相和陸相秘書官追隨東條英機的赤松貞雄大佐的證詞。東條英機遭到重臣們的圍剿，不被天皇信任，最終被逼迫辭職。結果，三年八個月的太平洋戰爭當中，兩年九個月是由東條英機指揮。

在東條英機決定辭職的過程當中，東條系的幕僚們建議他發動政變，貫徹完成聖戰。根據赤松貞雄的證詞，東條英機底下聚集了這些強硬派的幕僚，商討政變的步驟。

「省部支持政變的聲音尤其強烈。你問是否留有文件？事實上沒有到製作這些史料的階段。只不過提出例如拘捕反東條英機的重臣等意見。最終，政變的方案消失，東條先生終究無法背叛陛下……」

這個政變的說法是鮮為人知的史實。然而（應該這麼說），利用東條暗殺計畫，假借防堵這項計畫的名義，東條英機方面考慮採取軍事行動，也是非常有可能的推測。相對於牛島辰熊的暗殺計畫，東條英機方面的政變計畫未曾出現在現今歷史的「表面」上。

如果實際執行這個「背後」的政變計畫，那麼石原莞爾想必會遭到幽禁。或者石原莞爾和小畑敏四郎等人會遭控顛覆國家，被送進軍法會議接受審判。

第三章

石原莞爾的「世界最終戰爭論」究竟為何？

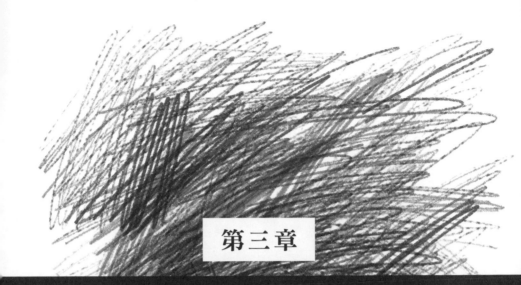

世界最終戰爭論

石原莞爾是根據什麼樣的戰略觀或歷史觀，看待太平洋戰爭呢？其著作《世界最終戰爭論》可說最能夠代表石原莞爾的思想、理論，以及作為軍人的想法。書中展現的思想與太平洋戰爭有什麼關聯呢？這一點有必要釐清。

根據查證，必須承認石原莞爾是昭和陸軍中少數的「理論派軍人」。藉由確認他的理論和思想，反而可以發現其論調犯下什麼錯誤。

《石原莞爾全集》的第一卷，收錄了世界最終戰爭的理論。「昭和十五（一九四〇）年五月二十九日」舉行的京都義方會，石原莞爾當時的演講成為世界最終戰爭理論的骨架，之後經過幾次修改終於完成，首先有必要簡單說明這個理論。石原莞爾整理出近世之後的戰爭型態，主張「世界戰爭」之後，人類將與戰爭告別，他將其稱之為「決戰戰爭」。戰爭的單位是「國民擁有的戰爭力」，必須最大限度地投入。他又說戰法想必是以「空戰」為主，並指出在世界最終戰爭的時候，必須用決戰戰爭的極限作戰。

「這場發揮戰爭極限的決戰戰爭之後，就不會再發生戰爭。但人類鬥爭的心不會消失。鬥爭不會消失，但戰爭會消失，這究竟是怎麼一回事呢？」石原莞爾針對這樣的疑問，回答如下：

「國家的對立將會消失。也就是說，接下來的決戰戰爭會讓世界合而為一。」他認為世界將會統一。也許有人會認為是異想天開，但石原莞爾斷定理論正確。接下來他又主張所有國民都要參加這個最終戰爭。戰鬥的主體原本應該是陸軍，但他說：「這會是一場由空軍真正徹底殲滅的戰爭。」又說：「無論男女老幼、山川草木全部都會被破壞。」而國民必須「鍛鍊出鐵石般的堅強意志。」說明「參加」戰爭的條件。

那麼，哪些國家之間的戰爭是世界最終戰爭呢？石原莞爾預測，在最終戰爭之前，世界將進入國家聯合的時代，分成四大區域。根據他的分析，第一是蘇維埃聯邦的「社會主義國家聯合體」；第二是美洲，「以合眾國為中心，南北美合為一體」；第三是「歐洲」，現在德國正瞄準歐洲的大聯合；「最後是東亞」。目前「日本和支那尚且在東洋進行前所未有的大戰爭」，但他認為「這是日支兩國為了能夠真正攜手而戰」。

「世界能夠合而為一嗎？」

石原莞爾分析，第一次世界大戰後的國家聯盟是為了世界最終戰爭的準決賽。他又接著做出以下結論。這個部分直接引用石原莞爾的話更容易理解，下面是《世界最終戰爭論》當中的一段話：

「（上述）四個集團在第二次歐洲大戰後（保阪註記：這時太平洋戰爭尚未發生），想必會變成日、德、義，也就是東亞和歐洲的聯盟與美洲對立。蘇聯巧妙地站在兩者之間，但預測會更傾向於美洲。以我們的常識來看，結果還是這兩大代表勢力。如果問到準決賽當中，究竟誰可以晉級到決賽，根據我的想像，應該是東亞與美洲。」

他先以這是外行人的想法開頭，又做出結論說道：「從亞洲西部地方興起的人類文明，分別向東方和西方發展，數千年後，以太平洋這個世界最大的海洋為界，現在面對面。兩者最後進行決戰，想必是命運。」

石原莞爾分析蘇聯像是瀨戶燒陶瓷，掉到地上就會碎裂。而歐洲土地相連，無法建立命運共同體，須臾之間便開始相互攻擊，也就是同歸於盡。戰後，石原莞爾自己反省這樣的想法太過天真。總而言之，現役將官石原莞爾整理出自己的意見，持續在東亞聯盟的聚會上或日蓮宗相關團體的請託下發表演說，宣揚他的思想。

那麼，世界最終戰爭將何時發生？閱讀歐洲的戰爭歷史，從整體軍備的充實和國與國之間的情勢來計算，石原莞爾認為世界最終戰爭會在第一次世界大戰後五十年內發生。昭和十五（一九四〇）年當時，距離第一次世界大戰已經過了二十多年，意即再過二十至三十年就會發生世界最終戰爭，之後世界將變成一個安寧的空間。石原莞爾在演講中主張，五十年以內「世界必定會合而為一」。

這就是石原莞爾主張的世界最終戰爭的概要。當然，其中還有許多不同的要素。例如，石原莞爾是日蓮宗忠誠的信徒，看過許多類似的佛法書。最終他所得出的結論之一是日蓮的預言將會成真。日蓮的《諫曉八幡抄》以佛教為日本立正安國的教誨，之後回歸印度，在這個過程當中，預言將建立永久和平的基礎，而這也成為石原莞爾理論的根基。

日蓮主義的教義

昭和十六（一九四一）年十二月八日，由於日本軍發動突襲，太平洋戰爭就此爆發。這場戰爭是否就是石原莞爾所說的世界最終戰爭呢？這是石原莞爾身邊的人最關心的一點。

太平洋戰爭爆發後不久，石原莞爾著書《國防政治論》。關於如何看待「大東亞戰爭」這一點，石原莞爾在書中刻意以「大東亞戰爭與最終戰爭」為標題，寫下引人入勝的事實。

「許多人以為原本應是三十年後的最終戰爭現在已經爆發，將大東亞戰爭當作最終戰爭看待。但事實絕非如此。」

石原莞爾如此斷定。為何不是最終戰爭呢？石原莞爾舉出多個理由說明，結果變成批判當時的戰爭領導者，尤其是批評大本營的各參謀。例如，所謂的世界最終戰爭應該是決戰戰爭，但這次的戰爭是持久戰。

同時，世界最終戰爭應該是追求王道霸道的戰爭，但這次的戰爭卻不是。的確，世界最終戰爭最初也是從利害關係的戰爭開始，但過程中逐漸轉變成追求王道霸道的戰爭。然而，這次的戰爭不會發生如此的變化。

石原莞爾認為，在追求王道霸道的最終戰爭中，「思想」才是人類爭鬥的最後問題，但這次的戰爭缺乏這一點。

根據石原莞爾的結論，大東亞戰爭的本質是「對大英帝國的世界霸權給予最後的致命一擊。東亞因此得以獲得完全的解放，結成東亞聯盟。」促使英國的帝國主義崩壞的是大東亞戰爭，石原莞爾的結論也包含戰爭看起來像是以美國為對手、其實不然的意義。石原莞爾認為大東亞戰爭是世界最終戰爭的前一個階段，也就是所謂的準備階段。「也就是說，解放東亞確立東亞聯盟和東亞大同的基礎，充分給予東亞聯盟必要的作戰根據地和資源，為最終戰爭做準備。」

他同時提出，世界最終戰爭將決定「日本的天子成為世界的天子，或是羅斯福的繼承人成為世界領導者。」為此，日本人隨時處於緊張狀態是一件重要的事。石原莞爾這部分的戰爭哲學理論，似乎受到日蓮主義教義的影響。日蓮聖人主張，最初即使是關乎損得的爭鬥，最終只有「正法」的領悟才具備效力。想必這個「正法」就是世界最終戰爭的思想。

石原莞爾還主張，「大東亞戰爭」必須進行由自由主義到統制主義的革新。關於這一點，他除了提及相對於英美的民主主義體制，極權主義國家有望獲勝，又在《國防政治論》當中，明確提出進入極權主義時代後，領導者應具備的條件。

他主張應該注意領導德國的希特勒，這一點與當時日本知識分子的主張相同，想必石原莞爾並沒有充分了解希特勒的權勢。與德國的希特勒或蘇聯的史達林相比，日本先有「天皇」，另外還需要一個最高位的幹部（多個人也可以），重點是這個人的能力必須非常優秀。

東亞霸者的地位

石原莞爾斷定，大東亞戰爭的目的是「解放東亞」，確保資源並非主要的目的，千萬不可混淆。他的這種主張也可以解釋成是在批判當時指揮戰爭的東條軍閥，或者表達不滿。他以由衷的筆調寫下，東亞聯盟的人都認為「絕對要阻止歐洲戰爭在解決支那事變（譯註：日本將抗日戰爭稱為「支那事變」）之前發生」。藉由解放東亞和東亞聯手，建立東亞各國共同使用東亞資源的體制，如果這個階段發生歐洲戰爭，東亞各國就可以趁機驅逐統治東亞的歐洲各國。

現實上，「在尚未解決支那事變前」，就發生了第二次歐洲大戰，石原莞爾等東亞聯盟的人所描繪的計畫崩盤。如果不是以解放東亞，而是以確保資源為目的指揮戰爭會如何呢？軍事推進滿洲國和中國，擴大壓制地區的範圍，迅速進入該地，立刻進行利益結合。他主張這樣的作法完全無法成就國家利益，並提出下列理論。

「（壓制地區擁有）石油、橡膠、錫等，眾多有助於日本進行大東亞戰爭的資源，如果像現今日本所想的一樣，認為只要把南洋歸入我們的統治之下，就可以全面解決戰爭中物資缺乏的問題，這是天大的錯誤。」

石原莞爾主張進行「大東亞戰爭」時，必須以「日、滿、支為中心」，為此必須以三國約五億的「人」為中心，解放東亞全域，將彼此視為獨立國家，與日本締結互惠關係，為世界最終戰爭做準備。石原莞爾的構想架構是以「日、滿、支為中心」，鞏固東亞霸主的地位，接著西歐與美國一戰，美國獲勝後再與東亞對峙。

「大東亞戰爭」爆發後，石原莞爾無論在哪一場演講上，都主張應該「解決支那事變」。而且不僅是軍事方面的解決，政治方面也必須盡速解決。然而，進一步確認實際的內容會發現，石原莞爾的理論對於如何解決這個他認定為世界最終戰爭前哨戰的「大東亞戰爭」，缺乏論述。

盧溝橋事件

成為日中戰爭導火線的盧溝橋戰爭，現在作為史實，有許多相關記述，因此可以了解其詳細內容。下面簡單看到事情的原委。

昭和十二（一九三七）年七月七日晚間，正在北京郊外盧溝橋附近演習的日本軍（支那駐軍）與駐紮的中國軍發生槍戰。據說中國軍朝日本軍開槍，日本軍因此應戰，但日本軍沒有特別的傷亡情況。然而，這個事件釀成開戰的氛圍。總而言之，當地的日本軍與中國軍之間，暫時達成停戰協議。

然而，日中兩軍在盧溝橋附近發生衝突的消息大大地刺激了日本政府和大本營。當時尚且是近衛文麿內閣時代，認為中國政府侵害日本的權益，因此態度轉為強硬，並決定無視於當地的停戰協議。而中國的蔣介石政府也認為這是日本在自國領土內的挑釁，於是採取保護國家威信的措施。

到了七月底，日本軍向華北全域推進，擴大戰火。在接到盧溝橋事變的報告後，中央省部的幕僚間，最有力的方案是主張藉機給予中國致命一擊，壓制華北地方。這是為了維護滿洲國的權益做出的判斷。調查這部分的內情會發現，對蘇聯的戰爭才是日本軍原本的目的，為此必須保障日本在華北和滿洲的權益，進而達成原本的目的，這才是省部的算計。

主張這個強硬措施的一群人被稱作「擴張派」。另一方面還有所謂的「不擴張派」，主張日本的國家軍事實力不足以進行對中戰爭。兩派人馬並沒有明確的劃分基準，兩派是想法上的對立——主張利用盧溝橋事件重擊中國，迫使中國改變抗日態度的一派，對上認為如果正式與中國政府交戰，則會演變成長期持久戰，不擴張才是上策的一派。這原本屬於戰術上的不同。

擴張派與不擴張派的區別，也就是如何判斷幕僚究竟屬於哪一派，其實有一個簡單的判別標準。麻薩諸塞大學的教授馬克・皮蒂在《「日美對決」與石原莞爾》一書中寫道：

「藉由是否贊成石原莞爾主張日本應該對中國展現自制的政策，可以輕易地分辨參謀本部和陸軍省的將校屬於哪一派。會這麼說是因為日中戰爭爆發之初，僅限局部戰爭，下令阻止正式導入日本軍，而最終失敗者正是石原莞爾。」

因「日中不擴張方針」遭到孤立

正如大家所知，相對於當時的參謀本部作戰部長石原莞爾主張不擴張，與石原莞爾對立的作戰課長武藤章則是擴張派的急先鋒。武藤章諷刺石原莞爾：「我們不過是重複閣下在滿洲事變時的主張罷了。」主張不擴張的石原莞爾好不容易與河邊虎四郎、堀場一雄、高嶋辰彥等戰爭指導班的幕僚一起宣揚他的主張，但勢力逐漸崩塌，石原莞爾陷入被孤立的狀態。

對於武藤章和陸軍省軍事課的田中新一等人主張立刻增派三個師團重擊中國軍的主張，石原莞爾一開始有所躊躇。然而，最終在不得已之下允許。當時，三萬中國軍朝著北京向北前進。由於石原莞爾輕易相信必須保衛滯留當地超過一萬名日本人安全的說法，有人因此認為他並非不擴張派。但必須強調，石原莞爾當時是參謀本部的決策主事者，參謀總長閑院宮不參與決策，參謀次長今井清則因為重病無法執行勤務。作戰決策的責任都落在石原莞爾身上。面對省部擴張派準備的資料（例如「三萬中國軍士兵正在北上」），反對派幕僚雖然主張這不過是表面看起來的情況，沒有任何根據，但這種看法屬於例外），他沒有拒絕的理由。

七、八月，隨著情勢的發展，石原莞爾被夾在自己的意見和職務立場之間，進退兩難。他甚至將簡易床具搬進作戰部的辦公室，肉體上也被逼到極限。參謀本部內也出現憂心石原莞爾健康狀態的聲音。然而，石原莞爾等不擴張派孤軍奮戰，在省部內特立獨行。

期間，在華北的日本軍擴大壓制地區，不使用「戰爭」一詞，而改用「事變」（譯註：藉此構成雙方從未正式宣戰的理由），如此的矛盾愈來愈顯著。無論在政治或軍事上，日本都沒有展現明確的國家意志，只是不斷地搖擺。石原莞爾也是其中一個象徵。上述皮蒂的著書中，準確地描繪了石原莞爾當時的狀態。這是他在八、九月時的樣子：

「石原莞爾持續向願意聆聽的人提倡局部戰爭和早期交涉的方針。日復一日，經常有人看到石原莞爾邁開大步，在走廊上來回踱步，由於極度疲勞，造成駝背。只要與人見面，他必會極力勸說應阻止戰爭擴大。與武藤章之間的關係到了水火不容的地步，兩人會當著部下的面怒斥對方。」

九月，石原莞爾與新就任的參謀次長多田駿，一同發電報給駐德國武官大島浩，詢問德國政府是否有意仲介交涉。但大島浩忽略沒有回覆。這為同年十一月起的陶德曼調停（德國駐華大使陶德曼進行的調停工作）埋下伏筆。

九月底，石原莞爾從作戰部長轉任關東軍參謀副長，而參謀長則是東條英機。這次的調職，包含藉由讓石原莞爾與東條英機對立，進而將他趕出陸軍，成為後備役的意圖。正如副官泉可畏翁的證詞，石原莞爾與東條英機對立，互不相讓。兩人關係的背後可以看到的是擴張派與不擴張派對立的結構。

控制軍事的「政治」

在上述的發展過程當中，石原莞爾主張不擴大日中戰爭的意圖究竟為何？這一點必須深入查證。

在我看來，石原莞爾在省部遭到孤立的樣子，正可說是昭和陸軍內部（政治與軍事）的對立。擴張派堅持採用軍事行動的對中政策，試圖以此收拾殘局，但這個作法失敗。另一方面，不擴張派則主張用政治的方式解決（石原莞爾甚至醞釀促成近衛首相與蔣介石主席的和平會議），試圖達成日中聯手。比起軍事行動，更傾向政治解決。石原莞爾的行動如實反映出兩者的對立。

石原莞爾的想法和戰略如果在當時成為日本的國策，想必日中戰爭會以與史實不同的形式展開，至少控制軍事的「政治」會有更明確的存在感。那麼，石原莞爾準備如何「解決支那事變」呢？與「大東亞戰爭」有何關聯呢？下面必須釐清這一點。

在石原莞爾的著作集中，有一個標題為《東亞聯盟運動》的別卷。這是石原莞爾於昭和十九（一九四四）年親自整理成冊，準備發行的原稿，但一直沉睡在相關人士的手裡。在刊行全集時（昭和五十一〔一九七六〕年）發現這個別卷，其內容在睽違三十二年後重見天日。原稿上面寫有「解決支那事變」的內容，是石原莞爾於昭和十五（一九四〇）年擔任作戰部長時，整理手邊資料而成。石原莞爾從兩個角度看待日中戰爭：

「爆發滿洲事變當時，赤、白帝國主義者（譯註：赤色指的蘇聯的共產主義，白色指的是英國的帝國主義、殖民地主義）在東亞的力量不足，沒有信心可以用實力防備日本，因此日本在極少的犧牲之下，得以完成滿洲建國的大業。然而，日本的國力亦不足以讓中國和世界承認此一大成果，無法從根本解決事變。日華之間根據上海和塘沽停戰協定處於休戰狀態，但日本自滿洲事變以來至今長達十年，對支、英、美、蘇持續處於持久戰的狀態。支那事變可說打破了休戰狀態。」

就石原莞爾來說，日本自滿洲事變以來，與包括中國在內的各國進入持久戰的狀態，而盧溝橋事件破壞了休戰狀態。滿洲事變之後建立了滿洲國，石原莞爾提倡的東亞聯盟，則持續「親身體驗相較於民族鬥爭更傾向民族協和，相較於日華抗爭更傾向日華親善的大道。」這當然沒有那麼簡單就能實現，而「支那事變」就在實現的過程中發生。

違反「皇道大義」

由於近衛首相於昭和十三（一九三八）年一月發表聲明（「爾後不與國民政府為對手」），據說主張與中國合作的滿洲國日本人，也不知道實際的情況如何。石原莞爾認為事到如今，若想解決事變，日本與中國都必須妥協，主要的內容如下：

（一）中國祝福由日華兩國國民共同經營的滿洲國成立，日本國撤回所有中國境內的政治權益，全面協助完成中國的獨立（解決滿洲事變）。

（二）日華兩國根據東亞聯盟的方針，為盡速實現真正的大同，亦即國防共同、經濟一體化，傾注滿腔赤誠（確立昭和維新的方向）。

石原莞爾企圖根據這兩大方針，用政治解決問題。如果兩國依照這個方針妥協，那麼就可以解決軍事的「支那事變」。當然，這個方針的背景結構想必是石原莞爾提倡的《世界最終戰爭論》中的「日支合作」。可說石原莞爾希望日本與中國能夠根據這一點進行密切討論。

中國之所以不信任日本是因為在第一次大戰時，日本向中國的袁世凱政權提出二十一條要求。然而，日本將這些傲岸的要求視為「中國將其當作統一的原動力，動員諸外國排日的有利武器。」石原莞爾強烈批判日本這種「霸道主義者的方式」。

石原莞爾不僅批判日本駐軍中國會引起中國人的憤怒，更認為這對日本而言也是「有害的存在」，違反「皇道大義」。中國是否同意石原莞爾提出的兩個方案？關於這個問題，石原莞爾認為，當中國人認真看待情勢時，歷史的重量就會發生作用。他主張，日本軍進入中國，讓中國人認真面對情勢，根據多年歷史上的遺產，應該會認真面對擁有日本靈魂的人。他又說，自己創立的東亞聯盟和其思想得到中國人一定程度的理解，北京也發起中國東亞聯盟，廣東也有類似的行動。且以汪兆銘（汪精衛）為中心，成立了東亞聯盟中國同志會（之後於南京成立汪兆銘政權）。

石原莞爾補充說明，只要說服中國人，就可以獲得他們的理解，問題反而是出在日本方面，應該責怪的是陶醉在戰勝氛圍中的日本人。他認為這也是無法實現和平的原因。

當然，有必要檢證中國看待石原莞爾的想法。汪兆銘政權在戰後被當作「漢奸」對待，這也是一種檢證的方式，但我更感興趣的，是當時蔣介石國民黨政權的看法。

石原莞爾的「二二六煽動說」

若想探尋一個人的軌跡，一般而言會從青年期、壯年期開始，慢慢追蹤。利用這樣的手法想必可以看出，該人物究竟為什麼能成為青史留名的當事者。也就是以簡單明瞭的方式描繪因果關係。

然而，對待石原莞爾則不同，我使用不同的方式，從石原莞爾最終到達的地點出發，探尋他這一路上遇到了什麼樣的掙扎與煩惱。我同時也思考石原莞爾提出的最終戰爭論和創立東亞聯盟論等體系的過程。這一節我將記述石原莞爾與二二六事件，並探討參謀本部作戰課長石原莞爾在這個事件中的立場，說明在這個立場下，石原莞爾為何沒有採取曖昧不明的態度。

關於石原莞爾在二二六事件中的舉動有兩種不同的解釋，下面一一介紹。二二六事件是二十餘名青年將校與他們率領的下士官和兵士約一千五百人，襲擊首相官邸等重要國家機構，刺殺內大臣齋藤實、大藏大臣高橋是清、教育總監渡邊錠太郎等，要求組織親軍部內閣，也就是所謂的政變未遂事件。對於這個事件，天皇自始至終都對侍從武官長本庄繁表示反對，展現如果討伐不順、就要親自出馬討伐青年將校的堅決意志。

對於天皇的意思，一開始陸軍省和參謀本部的軍事領導者並不重視，決定不予理會。天皇確立了掌握軍事上的大權，近代日本軍隊實質以天皇為大帥的階級制度，但軍事領導者們卻以自身的算計為優先，躊躇是否應加以討伐。二二六事件之所以從昭和十一（一九三六）年二月二十六日起至二十九日傍晚為止，持續了四天才遭到鎮壓，可說是忽視天皇旨意的結果。

石原莞爾作為參謀本部作戰課長，以及二十七日頒布戒嚴令之後的戒嚴參謀，他自始至終都站在堅決討伐這一邊。從其他戒嚴參謀的筆記可以看出，他的態度明確，完全沒有動搖。這是二二六事件當時評論石原莞爾態度的第一種聲音。然而，另外也有與之相反的第二種聲音。這種聲音是「後年，從正面嚴厲批判陸軍的人斷言，石原莞爾沒有為粉碎二二六事件出力，甚至煽動、教唆事件的發生。」（馬克・皮蒂《「日美對決」與石原莞爾》）。關於第二種聲音，正如皮蒂所說，石原莞爾在事件發生的四天中，他所扮演的角色「複雜怪奇」，懷疑石原莞爾在複雜行動的背後，有他自己的算計。又進一步分析「石原莞爾試圖藉由迅速且威嚇性地利用二二六事件，實現自我流的昭和維新。」我也認為，雖然最終沒有決定性的行動，但想必心中有這樣的秘密企圖。

不讓人窺探真意的意圖

戰後不久的昭和二十一（一九四六）年二月，記者岩淵辰雄根據第二種聲音，寫進《日本週報》，率先揭露石原莞爾釀成青年將校叛亂的氛圍。也許是受到這種看法的刺激，曾任外務大臣的重光葵在他的回憶錄（《昭和的動亂》）中，也寫下石原莞爾在事件當時曾煽動青年將校。第二種聲音是軍內部對石原莞爾反感的一群人所提出的主張，又或者由如重光葵這般未收到直接情報的人記述，很難說一定就是真相。

反而是上述的第一種聲音，當時與石原莞爾同樣隸屬戒嚴司令部，擔任戒嚴參謀的松村秀逸，在其著作（《三宅坂》）中提到，二二六事件之所以沒有演變成皇軍互相攻擊的狀態，「我認為大多仰賴石原先生沒有任何猶豫或躊躇，用實力解決的決心和執行力。換句話說，石原莞爾的勇氣救了東京。」給予褒讚。二二六事件當中站在鎮壓這一方的軍人，他們的看法與松村秀逸幾乎一致。

如果要說第一和第二種聲音為何極端分歧，我認為是因為石原莞爾不想讓別人看出他的行動真意。石原莞爾自己的信念和想法比其他軍人更堅定，不是會左顧右盼的類型。因此，即使如第一種聲音，石原莞爾對於青年將校冒犯大權的行為感到憤怒、堅決站在討伐這一邊，但在解決事件時，也非常可能秘謀推動自己指向的國家改造。

接下來簡單確認石原莞爾自事件發生那一天（二月二十六日）起採取了哪些行動。

二月二十六日上午七時，石原莞爾當時在與雙親和弟弟同住的戶山原宅邸接到電話。電話是隸屬陸軍省新聞班的鈴木貞一打來的。他從電話當中得知，第一師團第三連隊等佔據了陸軍省和參謀本部，要人遭到暗殺。自從石原莞爾前年八月從仙台步兵第四連隊長調任參謀本部作戰課長以來，已經經過將近六個月。

在陸軍內部，皇道派與統制派對立，石原莞爾不屬於其中任何一個派閥。勉強來說的話，他看起來像是領導名為滿洲派的另一個派別。當然，很容易可以判斷自稱皇道派的青年將校是為了改造國家而發動此一事件。

石原莞爾在接到消息後立刻奔赴位於九段的憲兵司令部，確認事件概要。之後前往陸軍大臣府邸，要求陸相川島義之頒布戒嚴令，並加以實施。憲兵司令部亦成為戒嚴司令部，石原莞爾成為戒嚴參謀，負責具體實施堅決討伐的任務。然而，另一方面也有人認為是為了支持青年將校的行動，才頒布戒嚴令，軍內的看法不一。被任命為戒嚴司令官的香椎浩平被認為傾向皇道派。

發揮身為戒嚴參謀的角色

看來似乎支持青年將校，但此時採取完全相反行動的人就是石原莞爾。他對能夠進行討伐的戰鬥機、戰車等部隊下達動員命令，擺出鎮守帝都的姿態。二月二十七日，皇道派的將軍們決定支持青年將校的行動，以向石原莞爾等人陳情的形式前往戒嚴司令部，表達不應該進行討伐的意見。然而，石原莞爾完全不理會，當著他們的面向各部隊下達攻擊命令，採取毫不留情的行動。

皇軍不應互相攻擊等訴諸情感的論調湧進戒嚴司令部，但以具體的行動展現天皇意思的人亦是石原莞爾。在石原莞爾的心中，他希望青年將校們能夠放下武器，以類似投降的形式結束這個事件。為此，他前往陸軍大臣官邸，與青年將校的代表會面。青年將校當中有許多人對石原莞爾抱持期待，希望石原莞爾能站在他們這一邊，促使政變成功。然而，石原莞爾向他們表示，雖然同樣擁有改造國家之意，但絕不允許訴諸武力的行動，堅決討伐。青年將校的代表之一栗原安秀持槍對著石原莞爾，想要強行通過自己的意見。然而，石原莞爾完全不為所動。

到了二月二十八日，天皇下達諭令，軍內也明確知道天皇的意思，親反叛軍的軍事領導者們立刻改變態度。海軍在東京灣配備戰艦，又公然將大砲瞄準反叛軍。同時也向陸軍的地方部隊下達往東京周邊移動的命令。石原莞爾當然是鎮壓一方的有力指導者，他向反叛軍的青年將校表示，事已至此，他們只能自殺負責。

這時，石原莞爾獨自站在青年將校代表們的面前，命令他們投降，並說天皇既已下令，再抵抗也沒有用，對他們曉以大義。收集這些現實中看到的片段，可說石原莞爾確實扮演了他身為戒嚴參謀的角色。

石原莞爾的親弟弟石原六郎由於當時與石原莞爾同住在一個屋簷下，因此能看到石原莞爾在事件前後的樣子。從他的筆記（〈回憶兄長——二二六事件前後〉（兄の憶い出ー二・二六のころ），被收錄在角田順編輯的《石原莞爾資料（國防論策篇）》中）可以看到幾個事實。例如，青年將校代表之一的村中孝次，他拜訪香椎戒嚴司令官，懇求他「承認這些青年將校為忠義之臣」，這時石原莞爾剛好走進來。村中孝次一看到石原莞爾立刻沉默，但石原莞爾一動不動，村中孝次只好繼續說下去。石原六郎說明這是石原莞爾親手修改的文章。石原六郎如實記述石原莞爾的心境。

「香椎司令官對村中孝次的要求閃爍其詞，不給予確切的回答，完全沒有進展。根據兄長所言，香椎中將就是這樣的人，兄長說真是受不了他。

『喂，村中，立刻回去。我們身為戒嚴參謀，正準備逮捕你，現在同情你，暫且放你一馬。』

村中孝次沉默了一下子，最終走了出去。（略）二二六的首謀者很懂得政治上的你來我往。」

與北一輝會面的假消息

可以看出，無論是對青年將校或主張鎮壓的軍人，石原莞爾都以非常認真的言語行動處理。

不禁再次想問，既然如此，為何石原莞爾煽動青年將校的說法，至今依舊以帶有一定真實性的形式流傳呢？也就是說，上述的第二種聲音雖然不大，但在歷史中仍造成一定的迴響。如果借用石原六郎的話，理由鎖定「兄長教唆叛軍幹部的謠言，似乎是真崎（甚三郎）身邊的人捏造，下面寫下兄長對真崎慎太郎的評價。」石原莞爾對皇道派大老真崎甚三郎的評價如下：

滿洲事變（昭和六〔一九三一〕年九月）時，石原莞爾正好去東京出差，前往拜訪參謀次長真崎甚三郎。真崎甚三郎滿臉笑容，拍拍石原莞爾的肩膀說道：「石原，讓你久等了。今天晚上一起吃飯吧。」石原莞爾嚴詞拒絕。石原莞爾知道真崎甚三郎都是用這個手段籠絡年輕的將校，因此以「不要把我和他們混為一談」為由拒絕。根據石原莞爾的回憶，兩人的關係就是從這個時候開始出現裂痕。

戰後，真崎系的軍人將石原莞爾貼上在背後操控二二六事件陰謀的標籤，藉此混淆他的形象。即使可以斷定石原莞爾的一舉一動完全沒有矛盾，自始至終都貫徹同一個道理，那麼關於二二六事件，為什麼還會出現上述的第二種聲音呢？

這是因為岩淵辰雄寫下二月二十六日夜晚，石原莞爾曾秘密會見支持此一事件的北一輝和西田稅等人。這個不實的消息是一切的開端，不禁令人吃驚。

二二六事件之前的石原莞爾，由於他在滿洲事變當中展現精妙的謀略，因此在陸軍內部成為受到特別看待的軍人。當然，關於滿洲事變的原委，日本社會中無人知道詳情，認為關東軍是受到中國國民黨的攻擊，以應戰的形式漸漸將控制從點擴大成線，再從線擴大成面。

石原莞爾身邊的人們

結果，滿洲國正如「五族協和」、「王道樂土」的口號，被認為在中國的一部分領土上建立了理想國度。的確，滿洲事變是根據關東軍參謀們的謀略發動，但當時的軍事行動是遵從大本營的意思，也就是在日本國家的意思之下策劃。對於不知道內情的人來說，石原莞爾的名字非常新鮮，他雖然身為軍人，卻提倡日華合作。因此，在陸軍之外，注意到石原莞爾的政治家和知識分子增加。

言論界的大老德富蘇峰認為這名軍人罕見地擁有思想和理念，因此不避諱地展現對他的注意；工會運動的領導者淺原健三、政治家中野正剛等，也對石原莞爾提出的東亞聯盟思想產生共鳴，實際與其接觸；然而，最接近石原莞爾的是各報社的記者，之後成為石原莞爾秘書的高木清壽，以及東京朝日的田村真作等人，皆公開支持石原莞爾。

在《石原莞爾全集》第一卷的解說中，高木清壽寫道：「我與天野一雄（大佐）、伊奈重誠（大佐）、成田賴武（中佐）等人，自昭和八（一九三三）年石原莞爾擔任仙台榴岡步兵第四連隊長的時候開始，就在國防研究會名下，接受石原莞爾的指導，持續研究戰爭史和新戰術等軍事學。」也就是說，石原莞爾在朝著現役高級軍人之路邁進的同時，閒暇之餘也與外部的支持者和部下、同事等軍人一起召開讀書會，鞏固自己的理論。由此得知《戰爭史大觀》就是在這樣的情況下完成。

石原莞爾在擔任仙台第四連隊長的時代，皇道派的青年將校經常來訪。他是在昭和八（一九三三）年八月時就任連隊長，當時正是軍內派系鬥爭最激烈的時候。所謂皇道派與統制派對立，皇道派的青年將校找盡各種理由前來拜訪石原莞爾，確認國家改造運動的理論。

把士兵當「人」對待

實際上，在石原莞爾就任第四連隊長時，整理出名為〈從軍事上看皇國的國策國防計畫要綱〉（軍事上ヨリ見タル皇国ノ国策並国防計画要綱）的政策方案。他將這份文件提交上官，有時也拿給同事看，他原本判斷在當他到達相對應的地位時，有望可以實施這樣的計畫。

石原莞爾總共舉出了七項國策要項，第一項是「與盎格魯－撒克遜人的決戰是人類為了統一世界文明進行最後且最大的戰爭，其時期必是不久的將來。」接下來第二項是「準備上述大戰爭，眼下的國策是首先完成東亞聯盟。」表明世界最終戰爭論是自己得出的結論。至於在應該採取什麼作戰策略的「方針」中，他說總有一天必須思考與美、英、蘇的戰爭，這時候必須盡量避免長期戰。

結果，「我國防方針是迅速巧妙地將支那本部納入我支配下，實施以日支滿三國為基礎範圍的自給經濟，」且驅逐蘇聯的陸上部隊和英美的海上戰力成為主要重點。從中可以看出，石原莞爾自滿洲事變以來，一貫以世界最終戰爭為假想，過著軍人生活。

石原莞爾在第四連隊長時代採取與其他軍人不同的教育方針。捨棄帝國軍隊中所有的權威主義和官僚主義。他讓下屬的青年將校們成立研究會和讀書會，上述如高木清壽等外部人士也加入，據說有時甚至會研究馬克思主義。這是因為若要維護天皇制，就有必要了解與之相反的理論。我曾經採訪過多位石原莞爾在第四連隊長時代的下屬，「他讓我們隨時都可以洗澡」、「即使出征中國，第四連隊的士兵也都沒有遭到槍擊」、「他甚至擔心貧農兒子的家庭」、「在軍隊的時候學會如何使用無線電」

等，充滿這樣的聲音。

這裡必須特別強調，石原莞爾把士兵當「人」對待。與單純將士兵看作是「軍備」的高級將校的確明顯不同。

拜訪石原莞爾的青年將校在昭和八、九年期間，以支持當時在陸軍內擁有龐大勢力的陸軍大臣荒木貞夫和參謀次長真崎甚三郎的形式，試圖推動昭和維新或國家改造運動。皇道派青年將校們以天皇親政的政治為目標，為此也假設可能的非法行動。青年將校當然不能把荒木貞夫和真崎甚三郎當作是政變的領導者，但包含希望藉由自己的軍事行動，讓荒木貞夫和真崎甚三郎成為首相，豎立軍事獨裁政權的意圖。

面對血氣方剛的青年將校，石原莞爾回應，志向很好，但絕不容許非法行動。青年將校們效法以石原莞爾為中心的滿洲事變，以為他必然會默許並諒解自己的行動，面對這個出乎他們意料的反應，據說有些青年將校臉上掛滿訝異的表情。皇道派的將校之間秘密議論：「石原莞爾究竟是敵是友？」

「永田鐵山」刺殺事件

昭和十（一九三五）年八月，石原莞爾從第四連隊長調任參謀本部作戰課長。這個調職也許是說明石原莞爾不屬於皇道派的證據。會這麼說是因為，軍內擁有一定勢力的青年將校出現不穩的動靜，這個消息傳進陸相林銑十郎耳裡，他認為有必要大幅異動軍內人事，進而杜絕這樣的謠言。

林銑十郎一派被認為是統制派，永田鐵山、南次郎、東條英機等軍人認為，豎立軍事獨裁政權必須要以合法而不是非法的行動掌握權力，因此與煽動青年將校的荒木貞夫和真崎甚三郎對立。昭和十年七月，林銑十郎與參謀總長閑院宮決定罷免轉任教育總監的真崎甚三郎，但遭到拒絕。然而，依照規定陸軍大臣、參謀總長、教育總監三官衙的負責人必須由三者的共同會議決定，因此真崎甚三郎被迫辭職。

繼任者是渡邊錠太郎，他偏向統制派，是一個擁有學究氣息的領導者。

這場騷動刺激了皇道派的青年將校。他們認為統制派的人妨害了昭和維新的執行。昭和十年八月十二日於是發生了陸軍省軍務局長永田鐵山遭到殺害的事件。皇道派的將校、福山步兵連隊的中佐相澤三郎前往軍務局長室，光天化日之下公然用軍刀刺殺永田鐵山。相澤三郎強辯永田鐵山是遭到上天誅殺，而非自己殺了他。從他的言語當中也可以看出，皇道派將校的情緒已經進入圖謀刺殺對手的激烈階段。

在觀察昭和陸軍的時候可以發現，這個刺殺事件讓軍內派閥鬥爭達到頂點。同時，省部的軍人分別傾向皇道派或統制派（根據戰後的證詞，這個集團並沒有採用派閥的形式）的其中一派。

從第四連隊長轉任參謀本部作戰課的石原莞爾，事件發生當日是他第一個出勤日。正如許多書籍所寫，石原莞爾當時不屬於任何一個派閥。然而，他堅決執行「昭和維新」，認為軍應該站在政治之前的想法本身，的確更接近皇道派。話雖如此，但他也主張昭和維新不應該訴諸恐怖攻擊或政變之類的行動。他帶著自己的這套理論來到東京。

石原莞爾在八月十二日的日記（類似於備忘錄）上寫下：「出勤首日，永田少將遭刺。」之後一陣子都沒有寫日記。想必石原莞爾仔細觀察陷入混亂之中的省部。話雖如此，石原莞爾從幼年的學校時代開始就認識相澤三郎。相澤三郎比石原莞爾晚一年進入仙台幼年學校，兩人自少年時期便相識。之後，據說相澤三郎請託石原莞爾在軍法會議上擔任他的特別辯護人。石原莞爾曾說，姑且不論拔軍刀殺害上官的是非，對於相澤三郎的信念給予一定的評價。由於這個容易招來誤解的發言，請託石原莞爾擔任特別辯護人也是自然的發展。

當時石原莞爾是怎麼回答的呢？這個部分曖昧不明。有一說是他當場答應，另一說則是他以「想想看」的場面話，迴避這個請託。然而，福田和也在著作《闘地——石原莞爾與昭和的夢》（地ひらく 石原莞爾と昭和の夢）中記述：「石原莞爾下定決心暫時離開軍職，成為相澤三郎的辯護人（最終在真崎甚三郎的策劃之下放棄），幾乎旁聽了每一場公審，直到二二六事件後相澤三郎遭到處決為止，多次與他會面。」也有這樣的說法。

對於石原莞爾而言的「昭和維新」

或許相澤三郎對石原莞爾也有所期待，據說在會面時他拜託石原莞爾：「還請你領導青年將校。」而石原莞爾則告訴相澤三郎，不會參與這種把行為當作目的的國家改造運動。相澤三郎聽完後深受打擊，據說石原莞爾當時還強烈告誡他，雖然可以體諒其精神，但重點應該放在行動上。從這一點可以看出中堅幕僚（石原莞爾當時四十六歲）的輕重權衡。

如前所述，石原莞爾之所以未能對皇道派敞開心胸，主要是因為不信任中心人物真崎甚三郎。以煽動二十代、三十代前半青年將校的口吻，再把這股力量拉到自己身邊，石原莞爾厭倦了這樣的算計。

遭到相澤三郎殺害的永田鐵山對於國家總體戰有自己的構想。是軍內所謂的理論派領導者。他比石原莞爾年長五歲，難掩對皇道派理論和言行的強烈不滿。更應該說他非常輕蔑如荒木貞夫和真崎慎太郎這般沒有理論基礎、只是一味倡導皇道精神的軍事領導者。關於這一點，可說與石原莞爾是同一個類型的人。

看在永田鐵山的眼裡，石原莞爾擁有理論和堅定的思想，這一點無人可及，認為他是身居要職的中堅將校。

看在青年將校的眼裡，石原莞爾是與永田鐵山直接連結的軍人，同樣也是應該被暗殺的對象。但另一方面，也有青年將校認為石原莞爾了解他們的想法，絕非敵人。

在二二六事件為止的過程當中，究竟該如何看待石原莞爾？青年將校之間的評價也出現分歧。姑且不論軍內對石原莞爾的評價，石原莞爾自己在永田鐵山死後寫給參謀次長杉山元的信件當中提到：「軍部應該積極邁進其本務，成為維新的先驅。」這也是他對二二六事件的批判，顯示石原莞爾對於事件的態度。

石原莞爾極機密的和平管道

武田邦太郎（前參議院議員）是農政問題的專家，他自學生時代起就與石原莞爾往來，同時也是最了解石原莞爾的研究者。武田邦太郎寫了多本有關石原莞爾的研究專書，當中又以收集石原莞爾一生照片編輯完成的《永久平和的使徒——石原莞爾》（與菅原一彪共同編著）最為珍貴。

武田邦太郎在書中指出，石原莞爾六十年的生涯可以分為五個階段。第一個階段是明治四十二（一九〇九）年起至昭和三（一九二八）年十月為止，屬於「形成思想與信仰基礎的時期」；第二階段是「作為軍人最活躍的時期」。從他擔任關東軍參謀開始，直到昭和十二（一九三七）年九月再度以關東軍參謀副長的身分返回滿洲任職為止，共九年的時間。以年齡來看，是從四十歲到四十九歲為止。

第三階段是從參謀副長經歷第十六師團長，直到軍人生活告終為止；第四階段是東亞聯盟的活動期，一直持續到昭和二十一（一九四六）年一月為止；第五階段是進入山形縣的西山開拓地，直到他過世為止的三年時間。

原來如此，如果分成五個階段思考，那麼石原莞爾的人生不僅是軍人，他也同時具備思想家、大學教授、農業實踐者等多種面貌。許多關於石原莞爾的評論都從情感出發，這本書當然也有情感的一面，但最大的特徵是根據實證和視覺（珍貴的照片）進行論述，擁有強大的說服力。

我透過武田邦太郎的著作，確認了與石原莞爾昭和史相關的證詞。他們對通說或一般世俗的說法感到憤怒，我因此認為有必要重新建構石原莞爾的形象。關於至今為止沒有人提出的「史實」，我提出的疑問或許有一天會被證明其實是與歷史本質相關的問題，我就是根據這樣的想法寫下以下的記述。

在調查石原莞爾時，我不禁認為，石原莞爾和東亞聯盟相關人物（當中也包括中國人）與中國的蔣介石政府之間，是否其實存在尋求和平的有力管道？其一是昭和十二（一九三七）年十一月起至翌年一月為止進行的陶德曼調停工作的真實樣貌。另一則是昭和二十（一九四五）年三月，由擔任南京政府考試院副院長的繆斌所進行的和平工作。對於這項和平工作，小磯國昭首相也感興趣，但外相重光葵一開始就把繆斌視為利用和平的小人，並未特別重視。

了解蔣介石政府內情的人物

然而，如果根據上述武田邦太郎與菅原一彪共同的編著書所述，繆斌是得到蔣介石的授意進行和平工作，而毀掉這條管道的日本政治和軍事領導者犯下大錯。繆斌對石原莞爾的東亞聯盟非常感興趣，才與這條管道牽上線。

武田邦太郎寫道：「（繆斌）以自己在一九四〇年於北京創立的中國東亞聯盟為根據，持續從事政治活動。這個組織是當時由石原莞爾領導的東亞聯盟的中國版。」他又強調，日本不認真看待繆斌的政治工作，錯過了好不容易到手的和平機會。關於這一點，至今為止是以外相重光葵一方的看法為日本史實的根據。然而，現在有必要從這一個層面重新檢視。

在石原莞爾章節的最後，關於陶德曼調停工作，我想指出日本與中國方面奇妙史實的連結，同時闡述這個調停工作是否有不為人知一面。

一九九一年正值柏林圍牆倒塌、東西冷戰高牆崩倒之際。日本則剛從昭和時代進入平成時代，我在這個時候前往中華民國台北，多次與總統府資政陳立夫會面，採訪有關日中戰爭當時，蔣介石政府的內情。陳立夫當時九十二歲，身體健康，頭腦非常清楚。我們是在陳立夫位於台北郊外的宅邸見面，大約十五疊大小的會客室，裝飾有陳立夫尊敬的兩位人物，孫文與蔣介石的蠟像和等身大的肖像畫。身為中國國民黨的領導者，陳立夫自一九三〇年代起就往來於政治的表裡之間，因此他可以替當事人發聲，講述許多史實。

我前後三次（一九九一年起至九三年為止）在這個會客室裡聽陳立夫說話。透過有力人士的介紹，我得以與他會面。陳立夫和我握手，瞇著眼睛說道：「你是我自一九三七年四月以來見到的第一個日本人。」我問他最後見到的日本人是誰？為何而見？陳立夫一一道來。由於他畢業於美國的大學，再加上國民黨時代不得志時曾在美國生活，因此遇到比較麻煩的內容，他就會說英文。他說的是簡單易懂的英文。然而，當說到自己國家歷史的時候，一定是說中文。他擁有徹底批判日本軍國主義的思維，最後一次與日本人見面是在一九三七年四月，當時日本國會議員團造訪南京，與蔣介石政府的要人們會面交談。

「我當時對你們國家的政治家這麼說。如果你們要對我國發動軍事行動，那麼我們無論是花上一百年或二百年，也要為了我們國家的面子而戰。所以絕對不可做出如此愚蠢的行為。」

據說陳立夫說這些話的時候，日本的政治家都點了點頭。在他看來，日本的政治家也同意不應該發動如此消耗國力的戰爭。

「然而，之後不過三個月的七月七日，你們國家的軍隊引發盧溝橋事件，開始無謀的戰爭。怎麼都令人無法接受。你們國家的軍人不理解文化和傳統這些基本的東西，所以才會馬上採取軍事行動。」

陶德曼調停工作

陳立夫反覆說他受夠了沒有哲學和思想的軍事行動。當中包含輕蔑日本軍軍人的意思。不斷聽到這樣的話，不禁覺得日本軍的確愈來愈自大。

我接下來問到所謂的陶德曼調停工作，陳立夫回答道：「我與他熟識。他的確擔任仲介與日本之間和平的角色。我當時是國民黨政治組織的負責人，蔣介石總統把和平工作交給我負責，因此針對這一點，我曾與陶德曼交談。」我問道：「您們談了些什麼呢？」陳立夫於是說出令我意外的內容。

陳立夫說雖然曾經與蔣介石討論，但日本方面一邊說和平，一邊推進軍事行動，而且還把權益加進條件之中，完全談不下去。他詳細講述當時彷彿受到日方玩弄的感受。之後又告訴我下面這一段故事。

「我對陶德曼說，如果你真的想要認真進行調停工作，那麼不如用我們的想法說服日本。至於是什麼方案……」陳立夫非常仔細地向我說明，內容如下：

「現在世界真正的敵人是兩大國。一個是赤色帝國主義的蘇聯，另一個則是白色帝國主義的英國。如果不打倒這兩個國家，則世界不會安寧。看起來好像我中華民國與日本首先開戰，但應該要馬上休戰，兩軍一起進攻蘇聯。這兩個國家首先必須一起打倒史達林。同時，德國必須進攻英國。日本、中國與德國合作，解放英國在亞洲的殖民地。用這樣的方式開創新的世界地圖。」

陳立夫向陶德曼提出如此大膽的方案。陶德曼表示：「憑我一人之見無法回答。必須與外相里賓特洛甫（Joachim von Ribbentrop）商量。」於是返回柏林。然而，陶德曼再也沒有回到南京，遭到更換。我問陳立夫為什麼陶德曼會遭到更換？他回答：「想必是我提出的方案正中問題的本質，所以大吃一驚吧。」他先說了一句：「如果你有所懷疑的話……」接著繼續說道：「這份文件現在就躺在東德的史料館裡。你不如前往確認。」

我與陳立夫會面時，正值東西德合併之際，因此無法前往東德的史料館確認。陳立夫提及聽某個外交官（他沒有明確說出是哪一個國家的外交官）說，現在依舊保存著這份史料。

與東亞聯盟重疊的想法

蔣介石政府要人所說的話，至今依舊鮮明地留在我的腦海中。我也寫進自己的筆記本裡。為了打倒「兩個敵人（蘇聯和英國）」的戰爭，才是二十世紀前半的日本與中國，以及德國的生存之道，這樣的理論的確讓人印象深刻。而且，正因「赤（紅）」與「白」的先進帝國主義看起來依舊領導著人類歷史，說服德國的工作想必非常激烈。然而正如陳立夫所言，日本、中國、德國三國聯手打倒蘇聯和英國，接下來三國再與美國對峙，這對軸心國而言是最有效的方式，如此想來，陳立夫的方案某種程度合乎邏輯。

我聽到這個構想時的感想是，這與石原莞爾的想法重疊。當然，陳立夫與石原莞爾之間沒有連結。然而，石原莞爾在「支那事變」後，在「昭和維新論」和「東亞聯盟建設要綱」當中論述如何「解決支那事變」，他曾提出「日華兩國根據東亞聯盟的方針，盡速實現真正的大同，亦即國防共同、經濟一體化」。至於實現的方式，正如「昭和維新論」當中所說，藉由中國成為東亞聯盟的一員，才有可能「面對外力，亦即英、美、蘇的合力，獲得能夠完全防衛東亞的實力。」

藉由完成東亞聯盟，日本與中國才能共同對抗蘇聯、英國、美國等。也就是說，根據石原莞爾的想法，日本與中國一起攻下蘇聯，也能同時牽制美國和英國。想盡辦法讓德國徹底打擊英國，如此一來，日本、中國、德國其中之一，就能從世界最終戰爭中生還。

當然，石原莞爾提出的方式是「世界最終戰爭論」，認為東洋文明與西洋文明的霸者將會發生世界最終戰爭，世界在此之後將會進入安寧與和平的時代。同時，藉由日本與中國聯手（當然是以日本為上位）打倒蘇聯，再回頭支援德國打倒英國，這是他的計畫。陳立夫向陶德曼所提出的日中和平具體方案，與石原莞爾倡導的東亞聯盟重疊。或許中國方面某種程度認真對待陶德曼調停工作，等待像石原莞爾這般的提案到來。

又或者石原莞爾與蔣介石政府之間其實存在特別的管道，這樣的懷疑無法消散。

第四章

犬養毅是否看穿襲擊的黑影？

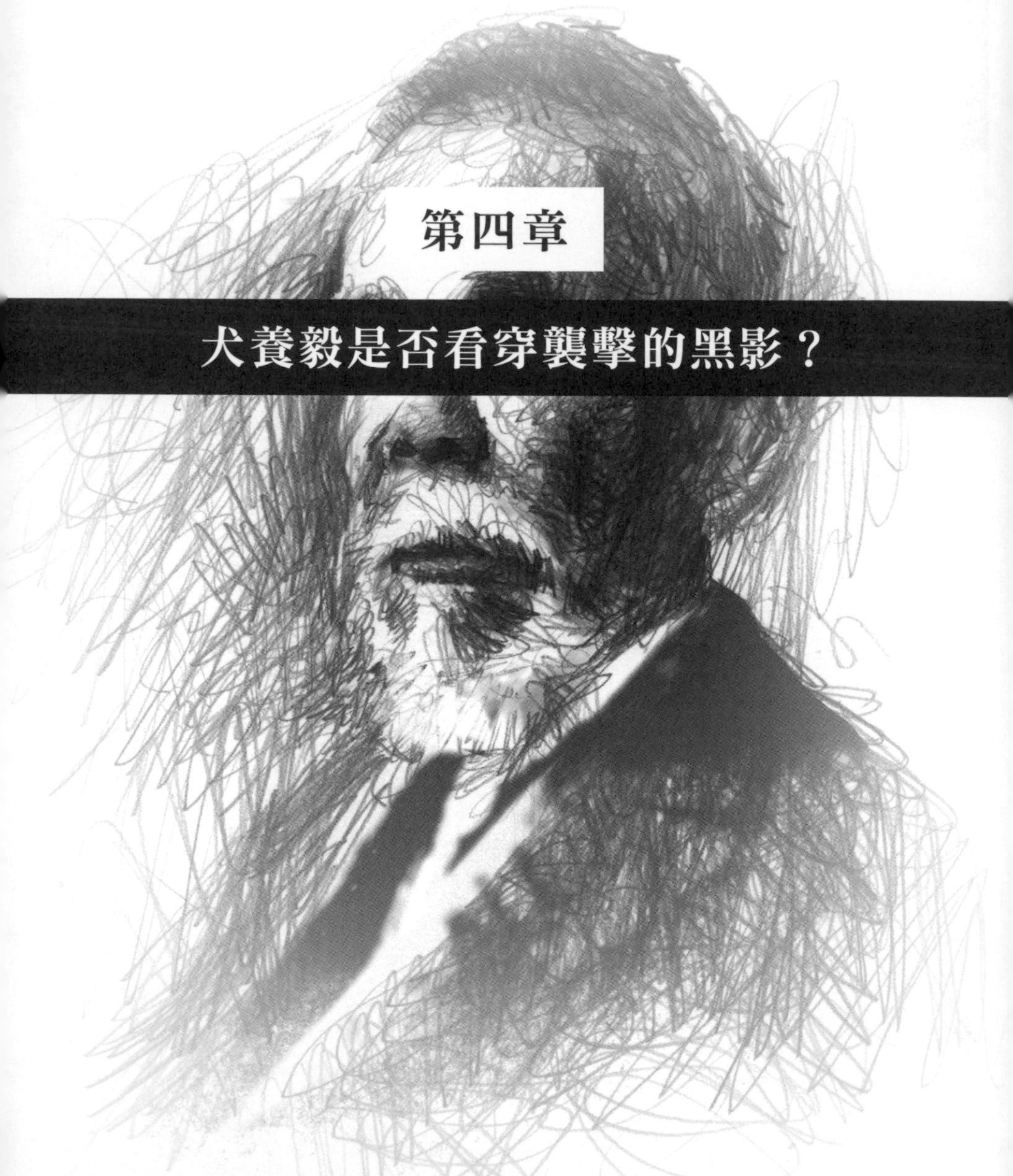

悼念「犬養毅」的儀式

一句話會改變人生觀，一句話也可能成為自己為人處世的骨幹。擁有如此經驗的人，可說嘗到人生的醍醐味。對於我而言，也有這樣的一句話，是讓我克服軟弱的一句話。

本書基本上省略敬稱，但只有本章的部分人名會加上「氏」，在此特別說明。接下來闡述的內容也包括我自己難忘的經驗，因此我希望用對我而言非常自然的距離感撰寫。

昭和七（一九三二）年五月十五日發生所謂「五一五事件」，在事件發生六十年後的這一天，犬養家聚集包括親戚在內的親友，舉行僅限相關人士參加的悼念儀式。儀式沒有以佛教、神道、基督教等宗教區分，只是親屬希望在六十周年的紀念日，能夠讓回憶告個段落。

當時擔任共同通信社社長的犬養康彥氏（譯註：犬養毅的孫子），希望我在這場六十周年的追悼會上，針對「五一五事件」，做出大約一個小時的演講。當時我與擔任社會部長的高橋紘氏等人召開昭和史研究會，高橋氏介紹我與犬養康彥氏認識。再加上我曾經從農民方面受到牽連的水戶橘孝三郎和愛鄉塾生方面追查五一五事件，完成非文學作品《五一五事件》，因此才會找我擔任講師的角色。我與犬養康彥氏討論過很多次。追悼會在位於東京霞關的憲政紀念館舉行。

與犬養家有交情的人形形色色，我聽說和犬養毅的出身地岡山市有關的代議士及官僚等也出席了悼念會。我非常緊張，不知道是否能夠完成被交付的大任。當天，在我進入憲政紀念館休息室時，包括犬養道子氏（譯註：犬養毅的孫女）在內，我對於犬養家的人在社會各層面的活躍發展感到吃驚。我在休息室裡與犬養道子氏交換名片，當她對我說：「今天就拜託你了」時，我一想到這個人是我從中學到高中閱讀的《千金小姐放浪記》（お嬢さん放浪記）的作者，不禁令我緊張發抖。在演講會場，直到開講為止，我與她坐在前排座位，聽她講述關於祖父犬養毅的回憶。

犬養康彥氏開場致詞後，我便站上講台，具體講述事件的概要。這個事件就好像拉開昭和走向法西斯主義的序幕，即使事件本身是因為海軍的青年士官與農本主義者對時代不滿而引爆，但犬養首相卻是昭和時代恐怖攻擊下的犧牲者，我從這個觀點開始我的演講。

犬養道子氏的話刺痛我的心

關於五一五事件，在戰後的日本教科書（我學習的也是這本教科書）當中以憤怒的口吻寫道，從犬養首相的遺言「有話好說」可以看出，這個事件也成為下一代恐怖攻擊，即訴諸暴力的契機。

此外，教科書同時稱讚這位名為犬養毅的政治家，自從議會誕生，就連續在岡山縣當選議員，從未落選，是一直穩坐議員之位的「憲政之神」。並褒獎他是「理想的政治家，貫徹作為議會政治家的使命。其政治經歷無懈可擊，可說是成為恐怖攻擊犧牲者的悲劇政治家。」當然，在會場聆聽我演講的都是犬養家的親屬或相關人士，因此我在演講中也稱讚犬養毅作為議會政治家，可謂近代日本政治家的模範。雖然我認為他有時欠缺大局觀，但我並沒有說出來。

我也提到由於犬養毅過去曾經支援孫文，與中國革命家建立聯繫的管道，因此在滿洲事變的時候，規劃出以外交交涉解決問題的腹案。整體而言，我的演說內容隱藏了犬養毅的負面形象。我認為在這樣的場合如果說出負面的話有違禮儀，這是當時五十二歲的我的想法，同時也是我做人的方式。

我懷著愉快的心情從講壇上走下來，回到犬養道子氏身邊的座位。接下來輪到犬養道子氏上台。她當時七十歲，但以看不出年齡的凜然態度開始說話。「保阪先生，」她在台上叫了我的名字，說出下面這段話：

「剛才，保阪先生以稱讚的口吻講述許多關於我祖父的事情。身為遺族我表示感謝。然而，犬養毅是一位背負許多矛盾的政治家。如果不道出此一層面，那麼就無法正確理解犬養毅這個人。雖然我可以理解同情祖父的心情，但作為一個政治家的歷史評價是另外一回事。不需要因為是在這樣的場合而有所顧慮。情感是情感，評價是評價，請不需要猶豫，說出想出的話。」

犬養道子氏看著我，像在教導我一般對我說。她的口吻不像在演講會場，而是好像只有我們兩個人在交談一般，對我諄諄教誨。她說中了我的痛處，每一句話都刺進我的心。犬養道子氏將眼神從我身上移開，轉向整個會場，從記憶當中找出當時人在官邸的十一歲少女，如何看待祖父之死。我聽她說出這段殘忍的經歷，尤其是「無論何事，都要將情感與評價清楚分開來思考」的話讓我獲益良多，深深點頭表示贊同。

決定執行恐怖攻擊的人是英雄

「好像失去了什麼可以作為支柱的東西。」

五一五事件是一個奇妙的事件。尤其是軍人方面（海軍士官和陸軍士官學校後補生）被賦予在法庭上辯解的機會。他們反覆陳述幾十次，強調完全沒有想到自己，想的都是國家，希望陸海軍的領導者們能夠思考國家改革（天皇親政），他們即使被當作是建立軍部政權的棋子也無妨。如此的辯解，讓日本社會出現翻天覆地的反應。

社會一下子充滿認為決定執行恐怖攻擊者是英雄的氛圍。正如大家所知，這個事件成為一舉改變日本社會價值基準的契機。

原本應該是恐怖攻擊犧牲者的犬養家，反而接受社會的制裁。根據犬養道子氏所言，犬養家的人在背後遭人指指點點，飽受騷擾。犬養道子氏將這個扭曲的日本社會具體寫成作品，包括《某個歷史的女兒》（ある歷史の娘）、《與群花和眾星》（花々と星々と）等。閱讀這些書籍可以看到犬養道子氏記錄母親在五一五事件後的模樣。「某個嫩葉生長的五月天之後，母親就好像白與黑、夏與冬一般完全變了。白樺時代，在那個餘韻猶存的年代，不時發出咯咯笑聲，急忙哄睡發燒的我，說著：『我要去聽近藤（秀麿）先生指揮的第五號交響曲。』之後就跑到上野的公園，這個幸福生活在自己豐富世界裡的母親從那一天起，消失不見了。」

在犬養毅死後，而且是以這麼殘酷的方式離世之後，犬養家所有人的生活都變了。十一歲的少女就這樣凝視著昭和的變動。她在昭和六、七（一九三一、三二）年於首相官邸看到的光景（當中包括靠攏軍部的犬養內閣書記官長森恪的動靜等），幾年後被解開，留下紀錄。昭和六年十二月，天皇大命降下（譯註：下令犬養毅組閣），當時是滿洲事變後三個月左右。從犬養道子氏的筆下，可以看到犬養毅進入官邸之後，為了解決滿洲事變而採取的行動。下面是《與群花和眾星》當中的一節：

「（於官邸）與我一起享受除草之樂的五天前，在閣僚會議上，極力與激動質問的森官長（森恪）爭辯。

『我了解支那。』無論怎麼說明也沒用。

『你會被軍隊殺掉。』森官長在閣僚會議後以撒手不管的態度說出這句話。『軍隊刺殺的消息是透過久原房之助（保阪註記：政友會幹事長）的管道得知。』父親是在當晚接到來自母親的姊夫、也就是外務省的齋藤伯父的秘密電話……然而，祖父已經不畏懼任何人、任何事。以平常心對待。」

這個消息確實。犬養道子氏當時留意到這樣的動靜，寫在筆記上。面對官邸內部風起雲湧、充滿陰謀的動靜，想必正是因為少女清澈的目光，才能看出逐漸逼近祖父的黑影。又或是少女的心中磨練出察覺有人威脅祖父或父親（犬養健，犬養毅的秘書）生命的敏感神經。

「侵犯統帥權」的過失

「那個事件真的很慘重。當時的年代，遭到恐怖攻擊的我們卻反而必須夾著尾巴做人。好像失去了什麼可以作為支柱的東西。」

我至今依舊無法忘記犬養道子氏對我說的話。她所說的「好像哪裡不對勁」，或許包含了能夠看透時代的人所做出的預言。

「情感與評價不能混為一談。無論在什麼場合，都要確實表達自己的意見。如果有所顧慮，或是在當下表現出好孩子的樣子，那麼就無法接近事情的真相。」

我充分理解犬養道子氏對我做出的上述忠告。人們在關心歷史、講述歷史的時候，必須「拿出全部的自己與那個人物面對面」，我接受她的忠告，之後在撰寫評傳時，腦海裡隨時浮現犬養道子氏對我說的話。

犬養毅被稱作「憲政之神」，被認為是日本議會政治的天賜之子，與尾崎行雄等人，一起站在憲政的正道上。關於這一點，必須給予作為議會人的犬養毅肯定。然而，他也多次犯下大錯。例如，昭和五（一九三〇）年在倫敦的海軍軍縮會議上，政府接受縮減至對英美接近七成的數字，簽下條約。然而，軍令部長加藤寬治等人表示不滿，提出「侵犯統帥權」的說法，批判民政黨的濱口雄幸內閣：「如果政府擅自簽約，那麼軍方無法保衛這個國家的安全。」

在議會屬於在野黨的政友會犬養毅和鳩山一郎等人繼續攻擊，認為「民政黨內閣犯下侵犯統帥權的過失。」也就是說，他們借助軍部的力量攻擊政府執政黨。這樣的作法等於是公然告訴軍部，有一把名叫「侵犯統帥權」的尚方寶劍。這點是犬養毅和鳩山一郎在歷史上的重罪。

最終，「侵犯統帥權」成為日本進入戰爭時最有力的武器，這是犬養毅犯下最大的罪。因為五一五事件而死去的犬養首相，他的罪是否會因此消逝？又或者依舊需要擔負戰爭的相關重責？在我接受犬養道子氏的忠告後，我經常思考這些問題。「如果站在審判歷史的角度，那麼就要拋棄過剩的傷感，因為傷感是日本社會最不好的地方。」要實踐這個教誨並非容易的事，必須隨時嚴以律己。

我全面接受犬養道子氏給我的忠告。再加上我重新閱讀犬養道子氏的多部作品，於是我的心中自然形成了奇妙的心理構造。我發現犬養道子氏之所以執著於五一五事件並進行剖析，是因為想要找出日本人真正的樣貌。犬養道子氏在昭和時期，以歐洲文化和倫理剖析這個時代。

少女眼中的五一五事件

犬養道子氏根據記憶中五一五事件當時首相官邸的樣子，加上長大之後的資料調查，於昭和四十三（一九六八）年左右，開始具體記述事件的內容。據說是中央公論社希望她能撰寫包含這個事件在內的自傳，於是開始執筆。這本自傳風格的作品《與群花和眾星》，在她一開始親自撰寫時並未提及五一五事件，也就是說，是在刊行單行本的時候才追加收錄。

犬養道子氏在自選集第二卷的解說中提到，《與群花和眾星》是「從『小小女孩』的觀點，順著她的視線撰寫。」並以客觀的角度說明書中關於五一五事件的記述。「由於固執於透過少女的眼睛和心的記述形式描寫，因此稱不上是一部昭和初期史的作品。」少女在十一歲的時候遭逢祖父犬養毅被暗殺的事件，在年過六十之後完成這部作品。

自從我在犬養家為紀念犬養毅過世六十周年而聚集的場合上發表演說，我便知道犬養道子氏認真地試著將事件的過程寫下。我從某個時候開始，便經常閱讀犬養道子氏的自選集等許多作品。我雖然不是基督徒，但犬養道子氏身為基督徒，不僅充滿知性與理性，更擁有豐富的感性，她運用自己的天分，試著分析昭和史。

在我針對犬養毅發表演說時，我之所以感受犬養道子氏的態度凜然，想必是因為她想要認真寫下這個事件。她從客觀的角度看待祖父，而我這個局外人卻不能擁有同樣客觀的觀點，想必她對此相當不滿。

我認為有必要正確留下犬養道子氏執筆描繪（上述「小小女子」的觀點）的事件內幕。五一五事件的恐怖攻擊成為昭和法西斯主義的先驅，從這部作品可以看出究竟哪些人遭受攻擊。

犬養毅作為政友會的總裁，於昭和六（一九三一）年十二月被任命為首相。當時他七十六歲。原本應該是從政壇引退的年紀卻擔任政友會總裁，被認為是因為在激烈的政爭之下，需要重量級的人士來統整政黨。在若槻禮次郎首相下台後，犬養毅在元老西園寺公望的指名下接任後繼首相，當時昭和天皇對犬養毅表示同情，對西園寺公望說道：「軍部如此這般介入內政與外交，強行推進，對國家而言是頗值得憂慮之事。」

昭和六年九月，滿洲事變發生後三個月，天皇希望犬養毅能夠抵擋軍部強行介入政治的事態，於是委以重任。

與軍部如何對峙

許多人透過自薦或他薦，希望可以入閣。政友會的久原房之助推薦安達謙藏入閣，而森恪則是向犬養毅毛遂自薦。犬養毅完全不接受這些推銷，唯有接受書記官長森恪的推薦，選擇皇道派的荒木貞木擔任陸相，主要是為了壓制當時陸軍內外出現政治不穩動向的中堅將校，所採取的策略。

犬養內閣又決定禁止黃金輸出。這是在犬養毅信任的高橋是清就任藏相（財務大臣）後採取的措施。然而，財閥因此投機拋售日圓，買進美元，賺取龐大的利益。犬養內閣的另一個課題是如何解決滿洲事變。犬養毅原本打算透過領導辛亥革命的孫文與自己的交情解決。然而，軍部卻冷眼旁觀打著這個算盤的犬養毅，為此，森恪以「不應該惹怒軍部」為由，出言牽制犬養毅，希望將犬養毅和軍部帶往融合的方向。然而，犬養毅看到這樣的森恪卻說：「你害怕軍人。這是多麼荒唐的事。」完全不理會森恪。

的確，受到日本農村的農業恐慌和美國華爾街股票暴跌金融恐慌餘波盪漾的影響，致使犬養內閣就任後採取的各項措施無法看出成績。

有必要在了解當時日本的狀況之下，閱讀犬養道子氏所寫的《與群花和眾星》，如此一來會有意外的發現。在從「小小女子」的觀點講述這個事件之前，首先整理出犬養毅一方所看到的時代樣貌。

犬養道子氏的記述如下：

「經常有人說犬養內閣充滿本質上的矛盾與軟弱。荒木中將擔任陸軍大臣，而內閣書記官長由與關東軍相通、不僅支持甚至推進關東軍路線的前三井物產能手森恪擔任。」

犬養道子氏認為，滿洲事變與青年將校等不穩動向背後的軍事指導者是荒木貞夫。

深刻洞察犬養毅的內面

「把滿洲的宗主權還給中華民國，之後日中之間站在對等的立場對話，共同合作開發經濟。」犬養道子氏認為：「祖父的內閣為了執行這個與軍部意向正面衝突的處理方案，挺身而出。」但荒木貞夫與森恪的存在卻與之矛盾。當時受到祖父疼愛的犬養道子氏於是探究犬養首相的心意，寫下這一段話：

「我現在這麼想。荒木貞夫與森恪兩人位居內閣中樞，這件事本身就是祖父——

被逼到絕境的祖父——最後的手段。俗話說，不入虎穴焉得虎子。把最『危險』的兩人留在身邊，進而牽制他們的行動，祖父心中懷著這個不可能實現的希望。在波濤洶湧的浪潮當中，匯入各種支流，用可以『狂』字形容的氣勢朝著破局流動，無論如何挺身而出，都無法阻止這股浪潮，想必祖父的理性知道這一點。」

論述五一五事件的著作至今為止想必超過二十本（從當時到現代），當中卻沒有一本如此深入分析犬養首相的心理。有些書籍引用犬養道子氏的這個說法，提出見解，但在深刻洞察犬養首相內裡的時候可以發現，一些五一五事件當中尚未明朗的謎題浮上檯面。

現在，當我順著犬養道子氏的筆探究犬養首相的心理時，突然有了新的領悟。原來如此，二十六年前犬養家聚會時，犬養道子氏想要告訴我的或許就是希望我能夠進行分析，看透犬養毅「不入虎穴焉得虎子」的想法有多麼天真。

再次強調，刻劃在歷史上的每一個史實，想必都隱藏著只有當事者和當事者身邊的人才能理解的某些事，五一五事件也相同。事件並非單純僅是海軍士官和陸軍士官候補生公然襲擊首相官邸，並暗殺首相。在整幅構圖中，藏著遺族靠著直覺看透的某些事。

犬養首相住進官邸，犬養道子氏的父親犬養健擔任首相秘書官，住在官邸一角。對於十一歲的犬養道子氏而言，官邸就是她的遊樂場。在遊玩的時候，曾經打開內閣會議室的門（大約是昭和七（一九三二）年二或三月）。當時正在進行閣僚會議。根據犬養道子氏的記述，沒有人注意到她打開了會議室的門。想必這個直覺敏銳的少女在會議室裡待了一陣子。

當時，滿洲事件牽連上海事變（昭和七（一九三二）年一月），陸相荒木用慷慨激昂的口吻發言，主張為了援助在上海「受到支那軍抵抗的皇軍」，應該「派遣大軍給支那好看」。犬養道子氏寫道：「祖父無意回應這個愚蠢的發言，一直沉默不語。高橋（是清）大藏大臣瞪大眼睛大聲斥責陸軍大臣。」

據說高橋是清斥責道：「你還年輕……首先必須歸還滿洲……一波大浪打來就慌張地大喊糟糕了、糟糕了……你站在支那的立場想想，滿洲被奪走……歸還奪走的滿洲才是最優先考量。支那問題是總理的管轄範圍。」犬養道子氏又寫道：「陸軍大臣表情窘迫，臉色蒼白，回到陸軍省後大發雷霆。」陸軍內部於是出現「除掉高橋是清」的聲音，為昭和十一（一九三六）年的二二六事件埋下伏筆。

住在官邸的十一歲少女看到當時政治不為人知的一面。到底是誰殺了「祖父」？又是誰殺了高橋是清？犬養道子氏提出質疑，雖然執行者是青年將校，但真正的犯人究竟是誰？

「把鞋子脫了，我來聽你們要說什麼」

在犬養首相死前數個月，他把犬養道子氏叫進房裡，說想要慶祝犬養道子氏三月從女子學習院的前期（小學）畢業。犬養首相把之前去中國參加孫文葬禮時得到的硯台送給犬養道子氏。同時也交給她用木堂（譯註：犬養毅的號）之名寫下的書法字。根據犬養道子氏所說：「他希望親手將遺物交給疼愛的孫女，可見情勢多麼緊張。」

五月十五日傍晚，官邸正面聽到暴徒襲擊的聲音，以及護衛的巡佐開槍的聲音。當時，犬養道子氏的母親正好前往首相辦公室請首相去食堂喝茶，立刻發現情況不對，勸犬養首相逃到庭院。犬養首相回答：「不，我不逃走。」直視穿著海軍少尉服裝的士官二人和士官候補生共三人，他們穿著鞋就闖了進來。其中一人扣下扳機，但子彈沒有發射出來。「別急，」犬養首相說道，就好像是控制議會發言一般，用手制止。接下來又說道：「想開槍的話，什麼時候都可以開槍。走，去那邊，我來聽你們要說什麼……跟我來。」

犬養首相為了遠離犬養健的妻子和孩子（犬養康彥氏），故意將士官們帶到和室。又繼續說道：「來，把鞋子脫了，我來聽你們要說什麼……。」

然而，又出現另外四人，大喊：「無須多言。」後開槍亂射。犬養道子氏的母親目擊部分現場，以上是她引用母親的證詞所記述的內容。

我完全相信犬養道子氏的母親在目擊現場後所作出的證詞。犬養首相當時並沒有說「有話好說」。若「我來聽你們要說什麼」是事實，那麼為什麼人們會用「有話好說」來記述這個場景呢？是否是戰後為了舉例說明民主主義所以才改掉了這一句話？「有話好說」和「我來聽你們要說什麼」之間有著無限的差距。我從犬養道子氏的證詞和記述當中，感受對於這個差距的絕望。

言論屈服於暴力之下。即使這是此一事件的本質，但「有話好說」的表現方式，是否符合這個本質？

「對話政治」的結束

遭到暗殺的犬養首相，他最後的遺言被認為是「有話好說」。這句話也被納入戰後的教科書中，被宣傳是戰後民主主義的象徵。然而，犬養道子氏在著作（《某個歷史的女兒》）當中寫道：「傳說中的這一句話，沒有獲得現場證人，也就是母親（保阪註記：犬養道子氏的母親）的佐證。」

長年在犬養家工作的「女僕阿照」，她也作證躺在血泊中的犬養首相最後下令「把剛剛的年輕人叫來」，而未說「有話好說」，這個證詞被認為可信。

犬養道子氏對於為何會變成今日流傳的內容表示質疑。的確，如果是「有話好說」，那麼既具有教育性，也適合刻在家鄉選舉區的小學校園紀念碑上。然而，她話鋒一轉：

「我一直認為，祖父應該是一個更通情達理的人，不會留下如此冠冕堂皇的話。」此外，當時也不是一個「有話好說」就能解決問題的單純年代。假設當時是一個只要好好說就能彼此理解的時代，那麼就不會被軍部拉進滿洲事變、日中戰爭，甚至太平洋戰爭。犬養首相意識到「對話政治」告終，於是希望至少守住議會制度，即使知道不可能，也試圖找回時代的「良心」，但最終仍被打倒。

正因為是好好說也不能互相理解的時代，才會發生五一五事件和造成高橋是清、齋藤實等人死亡的二二六事件。也因此，在傳達給後世之人時，只用「有話好說」一句話，似乎不太合適。根據犬養道子氏所言，認為這一句話就能讓社會更好，會讓人忘記歷史的本質。我也完全贊同她的理論。

犬養道子氏又在她的另一本著作（《與群花和眾星》）當中如此記述。一位親人（女性）在前來探望和討論善後方案的閣僚中看到了陸相荒木，於是走到他身邊低聲說道：「荒木先生，是你幹的吧！」結果，「正裝的大臣突然倒下，用兩手撐著鋪著榻榻米的走廊，顫抖了好長一段時間。」一幕幕的場景刻劃在犬養道子氏的記憶當中。

我認為在現今的時代，尤其有必要從犬養家的角度來看待這個事件。

收受張學良賄賂的流言

「有話好說」不是一句單獨就可以成立的話，而是以「某件事」為前提。「如果是這件事的話，好好說就能理解。」那麼「這件事」究竟是什麼事呢？

原田熊雄在日記裡寫道：「（關於犬養總理的暗殺事件）根據謠言，從張學良的倉庫裡發現了日本政黨領袖和大官們署名的金圓券收據，當中也包括犬養總理。當（青年士官）質問總理是否收了張學良的錢時，總理因此說道：『如果是這件事的話，好好說就能理解，跟我來』……」之後遭到槍擊。

這是傳進原田熊雄耳裡的謠言，可以想像這是政治高層的刻意散播。當然，這是為了替下手的陸海軍年輕軍官辯護而散播的政治謠言。這一類的謠言（其他還有例如東條英機之所以下令逮捕中野正剛，是因為他是第三國際的間諜）幾乎都是陸軍憲兵隊刻意散播，為的是將鎮壓和恐怖攻擊正當化。

關於這個謠言的內容，犬養道子氏提出具體反證。在她從原田熊雄的日記當中看到這個謠言的時候，犬養道子氏的記憶立刻回到「一九三〇年代，大約是三三年或三四年的某個天色昏暗的午後。」犬養道子氏寫道，如果原田熊雄（同時也是犬養家的熟人）沒有將這個謠言寫進日記裡，她也不會找回這段回憶。接下來她詳細記述了這段回憶。

她寫道：「當時祖母隱居的地方剛蓋好。」丈夫犬養毅死去，於是在麻布笄町蓋了一個隱居住所。犬養道子氏的父親犬養健慰問道：「母親，您不會覺得寂寞嗎？」結果她堅強地拍了拍胸脯說道：「爺爺不在了。真的只剩下我一個人了。我自己一個人也無礙。」犬養道子氏的父親犬養健在母親的房間整理父親犬養毅的遺物時，拿了一封「張學良的信」給犬養道子氏看。

大家都知道張學良是張作霖的兒子，是在滿洲各地高舉青天白日旗表示抗日決心的「青年元帥」。同時也是被日本關東軍參謀仇視的人物。當時在日本被嘲笑為「馬賊的崽子」。來自這號人物的信。下面借用犬養道子氏的說法：

「類似純白亞麻布的高級西洋紙，中央清楚可見用濃綠色裝飾用墨水書寫的楷書體痕跡。」這個痕跡只有一個標緻的「張」字，有如「英國貴族的書簡」一般。字體優美，可以看出是出自有教養之人。父親在讀完書簡後折回原樣，重新收好。『爸爸，上面寫了什麼呢？』面對犬養道子氏的詢問，犬養健一時默不作聲。之後回答道：「他向你的祖父撒嬌。」

支援孫文的辛亥革命

五一五事件後二十八年的八月二十八日，犬養健病死。犬養健在戰前是白樺派的作家，戰後是政治家，在吉田茂內閣時代曾經就任法務大臣，為了阻止逮捕自由黨幹事長佐藤榮作而發動指揮權，之後辭職，是一個悲劇型的政治家。犬養道子氏看了犬養健留下的遺稿筆記，重新得知張學良來信的內容。這封密函一開頭寫道：「我深信閣下理解中國，因此私下寫信給您，有事拜託。」

信的內容是：「我在滿洲被日本軍扣押的所有財產，包括亡父張作霖的遺物在內，還希望協助歸還。私人財產包括書籍、古美術品、書法、拓本……」根據犬養健的筆記，犬養毅的確認為應該歸還這些財產。從歷史上看來最終沒有實現，對於犬養毅而言想必非常不悅。

犬養道子氏從犬養健的筆記得知此事，試著進行某種推測。滿洲事變後，關東軍無疑特別注意郵件，不可能放過抗日領袖張學良寫給犬養首相的書簡。張學良當然也知道，因此想必是以密函的方式，透過許多人的傳遞才交到犬養首相的手中。犬養道子氏說：「中國人絕對不會做出缺乏情義和禮節的事。」又寫道張學良因此才會事前「將搜索私財和歸還運輸時所需的支票，秘密交給他唯一信任的日本人」。

犬養毅確實告知使者已經收到，同時作為首相，發電報給滿洲領事館和相關單位，讓他們把遺物還給張學良。然而，關東軍裡面沒有人具有此等關懷之心，他們的粗野展示在歷史之中。犬養道子氏擁有這樣的想法。

曾經支援孫文辛亥革命的犬養毅，秘密派遣當時的同志萱野長知前往滿洲，透過中國國民黨的人脈，摸索處理事變的方向。然而，這個秘密工作被書記官長森恪知道，於是發密電給關東軍的石原莞爾，不僅阻止了萱野長知的行動，並攔截萱野長知從當地發給犬養毅的電報，阻斷他們的聯絡。不知道犬養道子氏透過了什麼管道確認這段史實，並留下此一歷史紀錄。

犬養內閣的外相是芳澤謙吉，他是外務官僚。大正十二（一九二三）年擔任駐中國公使。芳澤謙吉的夫人是犬養毅的女兒，也就是說，芳澤謙吉以熟悉中國事務的外交官身分輔助岳父。我認為，犬養道子氏就是透過芳澤謙吉的管道，確認上述內幕。

面對風評和中傷不加以辯解

同為支援孫文的同志，犬養首相身邊包括上述的萱野長知，以及平山周、頭山滿、宮崎滔天、山田純三郎等各式人物。犬養首相透過這些人，建立與蔣介石聯繫的管道。因此不難推測，若犬養內閣續存，那麼想必會與中華民國進行外交交涉。正如犬養道子氏所說，書記官長森恪和陸軍大臣荒木貞夫必定會遭到更換。

與犬養毅的人脈相連的評論家，之後又成為政治家的古島一雄是犬養毅親信中的親信。據他所說，犬養毅於明治四十四（一九一一）年的辛亥革命後造訪中國，當時留下了遺書。古島一雄在其著作（《古島一雄清談》）中寫道，雖然遺書之後經過修改，但當時犬養毅在遺書中寫下「墓碑僅刻『備中庭瀨之人犬養毅』，無須記載位階勳等。」犬養毅不求權勢，作為一個人的素養，亦不追求任何名譽或金錢。每當講到近代日本史，古島一雄就會提及這件事。據說古島一雄曾不經意地說，面對風評或中傷，不加以辯解也是「修煉人生的一種方法」。

古島一雄寫道：「我因為知道這樣的實例，因此我想首相即使知道有人中傷他拿了張學良的賄賂，也不會加以辯解。」但可以看出他對於有損犬養毅名聲的軍部謠言感到不悅。

有一個由協助辛亥革命的日本人後代所組成的組織，成員大約十五人左右。我曾經在平成五年或六年（一九九三、九四）時特別受邀參加這個組織的聚會。我在由梅屋庄吉的子孫所經營、位於東京日比谷的松本樓，聆聽大家的談話。這個組織原本就沒有特別取名，只是大家一邊用餐，一邊閒聊。我與包括宮崎滔天的孫子在內的多人交談，腦海裡不禁浮現出孫文等革命主要人物的面孔。犬養家雖然沒有出席聚會，但在歷史之中，這個組織應該具有相當的分量。

孫文去世（一九二五年，民國十四年三月十二日）時，有一個日本人在身旁送他最後一程，那個人就是山田純三郎。他原本是滿鐵的職員，當時擔任孫文的秘書。山田純三郎的第四子山田順造氏談到辛亥革命，說道：「犬養毅先生身邊有像頭山滿先生這般從國家大事的角度給予協助的人，也有像我的父親和宮崎滔天先生這般從庶民的角度給予協助的人。對於這些人而言，滿洲事變讓他們開始重新思考協助的方式。因為來自日本軍部的壓力非常巨大……」

山田順造氏畢業於東亞同文書院，非常了解與中國接觸時需要具備什麼德目。他也說道，這些人在犬養首相死後開始保持沉默。

犬養家如何興盛

我在「犬養毅歿後六十年」追悼會上發表演說時，犬養康彥氏交給我幾本犬養家傳承的史料複本。他說希望對「查證昭和史」有所助益。

其中之一是犬養毅親自針對家系撰寫的「家記大要」。這是一本犬養毅在明治四十五（一九一二）年七月二十八日（正好是從明治移轉到大正的時期），於「早稻田的草廬（小小的家）」，病餘執筆」的印刷品。為什麼會留下這樣的史料？犬養毅如此寫道：

「吾今年五十八，可謂未老。然，看到吾友已逝去者多於生存者，發覺吾亦進入老境。因此寫下此一篇，為了吾子孫，顯示吾家系統之出處與乃父祖艱苦之事蹟，幫助有心子孫感憤興起。」

關於犬養家如何興起，他首先寫道：「建乃吉備津彥命之隨身武士，奉命西征而來到吉備國，爾來綿綿二千年。」又寫道原本稱作「犬養武」或「犬養建」，讀作「Inukahinotakeru」，從自己的青年時代起，僅稱「犬養」。犬養毅不愧在青年時期曾經擔任報社記者，將自犬養家興起至自己少年時代為止的內容，寫得有如一篇敘事詩。犬養家一貫的架構就是進取的精神和對學識的敬畏之念。這本犬養家傳承的「家記大要」，貫穿了犬養毅希望兒孫繼承這種精神的期望。

除了這本冊子之外，犬養康彥氏還給了我長達六百頁、由岡山縣鄉土文化財團刊行的私家版《犬養木堂書簡集》和《新編犬養木堂書簡集》。犬養毅是一個經常提筆的人，每天都會寫信給三、四個人，寫下聯絡事項或問候。他不時也會寫信給當時尚且是小學低年級生的犬養道子氏，以及兒子犬養健。寫給犬養健的內容大多是提醒他不要讓年幼的犬養道子氏和犬養康彥氏感冒，或者關懷他們是否過得好。收錄在新編書簡集當中的最後一封信，推測是犬養毅於昭和六（一九三一）年十一月左右所寫，應該是他就任首相的時候。

「道子，爺爺這個月底或下個月初就會回去。」

這是一封邀請犬養道子氏來玩的信。看到這些信，可以充分理解犬養毅對犬養道子氏的慈愛，並教導她人生的道理。犬養道子氏敏銳的感性，可說是出自祖父的悉心調教。

蘇聯紅軍的特別紀念郵票

犬養道子氏十一歲時遭逢祖父過世，十五、六歲時，特別留意到一位經常拜訪父親犬養健的友人，這個人就是日後因佐爾格間諜案遭到逮捕的尾崎秀實。犬養道子氏有一天問母親：「媽媽，尾崎先生的眼睛，妳有沒有察覺到什麼？」感覺敏銳的少女從眼神發現了異樣。犬養道子氏這次是在昭和十年代，因為父親犬養健的關係，遭逢這個事件。

祖父在五一五事件當中遭到刺殺，父親則被捲入昭和十六（一九四一）年，以遭到逮捕的前報社記者尾崎秀實為中心的佐爾格間諜案。感覺敏銳的犬養道子氏，想必看透了這個事件的本質。我認為如果從犬養道子氏的角度來看佐爾格間諜案，會發現一些真相浮出水面。

在犬養毅遭到刺殺後，犬養健在回歸政治家的同時，由於與近衛文麿等人的交情，經常出席各種研習會。他在昭和十二（一九三七）年的第一次近衛內閣，擔任參與官。犬養健同時也是一個與軍部劃清界線的政治家。近衛內閣聚集了近衛周邊的人脈，尾崎秀實擔任囑託（譯註：特約專員）一職，進入政權中樞。在日中戰爭爆發之後，犬養健因為希望將「日支關係」帶回正道，因此與尾崎秀實聯絡，擔任近衛文麿的智囊。

尾崎秀實經常帶一些稀奇的郵票給喜歡集郵的高中生犬養道子氏。隨著犬養健與尾崎秀實的往來愈來愈頻繁，犬養道子氏與尾崎秀實見面的次數也愈來愈多。但她發現尾崎秀實的眼神改變，於是告訴母親，母親只回答道：「他真的是一個很好的人，但尾崎先生的眼神有些看不透。我有告訴你爸爸要小心……」（《某個歷史的女兒》）之後就沒有再多說什麼。

有一次，尾崎秀實看到犬養道子氏有兩張英屬圭亞那一九〇〇年的郵票，他非常想要。這是因為尾崎秀實也有集郵嗜好。尾崎秀實說想用自己的郵票和犬養道子氏交換，但犬養道子氏拒絕了。尾崎秀實於是說希望與犬養道子氏單獨談談，並說出令人意外的提議。他說，我放在家鄉的行李裡，有一些日本絕對找不到的稀奇郵票，我送給妳。「哪一國的郵票呢？」面對犬養道子氏的詢問，尾崎秀實閃爍其詞。尾崎秀實說道：「只要妳不給別人看那些郵票，也不告訴別人郵票從哪裡來，我就全部送給妳。」又補充道：「是日本不太喜歡的國家的郵票……」

昭和十六年秋天（犬養道子氏在她的著作當中只寫了「秋天」），尾崎秀實拜訪犬養家。根據犬養道子氏的描述，尾崎秀實秘密取出包在紙裡的郵票排放在桌上，大約有一百張。

「我不禁倒抽了一口氣。全部都是蘇聯紅軍和共產黨的特別紀念郵票。我將眼神從郵票上移開，抬頭看著尾崎先生，腦子不停地打轉。他也盯著我看。用沒有笑意的眼睛盯著我看。我在他身上感受到了『信任』，有一種莫名的感動。」

佐爾格間諜案的黑暗面

五天後，尾崎秀實遭到逮捕，也就是所謂的佐爾格間諜案。簡單來說，這個事件是以德國報紙特派員身分滯留在日本的理查・佐爾格（Richard Sorge）被認為其實是蘇聯的間諜，在日本擴張勢力，而協助佐爾格的人就是尾崎秀實。尾崎秀實是在昭和十六年十月十五日遭到逮捕，佐爾格則是在十八日遭到逮捕。當時是第三次近衛內閣倒台，東條內閣即將誕生。事實上，這個事件至今仍有許多不透明之處，但由於尾崎秀實是朝日新聞的記者，因此許多同事記者其後也遭到逮捕。

軍部利用這個事件散播消息，說近衛文麿身邊有反國家分子、有批判軍部的人，進而逮捕西園寺公一和犬養健等人。逮捕犬養健的理由是協助尾崎秀實，但其實是刻意刁難在五一五事件時擁有反軍部情緒的人，又或者是因為犬養健於昭和十五年推進推舉汪兆銘（汪精衛）的工作，因此希望藉此牽制他的行動。這一切無疑是東條政權為了殺雞儆猴才逮捕犬養健。

犬養健遭到逮捕當日，十數名特高警察前往犬養家進行徹底搜查。下面引用犬養道子氏在上述著作（《某個歷史的女兒》）中的記述：

「十數名特高警察從洗澡桶到爐口深處仔細搜查，我不停擔心那些來不及藏好的郵票。聽到風聲的特高警察，就連臥室抽屜裡的襪子都翻出來。」

犬養道子氏看著特高警察搜索家中，做出了一個實屬大膽的舉動。下面還是繼續引用她的記述：

「我帶他們到書房（中略），我靈機一動，做出了膽大包天的舉動。抱著一生只有一次的決心，趁著特高警察在入口處寫筆記的幾秒空檔，我把放在入口旁架子上的集郵冊拉出來攤開，扔到床上。特高警察沒有特別查看就走了，是因為一進來就映入眼簾的集郵冊反而成為了盲點。」

相信特高警察之後也不會看集郵冊，但如果被發現而遭到拷問，據說犬養道子氏也做好了絕不背叛的心理準備。即使尾崎秀實被人惡言相向，批評他是間諜或賣國賊，「尾崎秀實也是我的朋友」。犬養道子氏寫下昭和十年代初，尾崎秀實教了她很多事情的回憶。

關於這本集郵冊還有後續。昭和二十一（一九四六）年冬天，日本戰敗，接受以美國為中心的聯合國佔領統治。犬養道子氏與東大的學生一起參與睦鄰運動（支援戰爭孤兒的活動）。然而，資金非常缺乏。集郵冊在戰爭期間，一直被放在房間的某個角落，裡面有包括英屬圭亞那、蘇聯紅軍在內的數千張郵票。犬養道子氏於是詢問協助睦鄰運動的美國將校，集郵冊賣得掉嗎？結果將校回答：「可以賣高價。」

這個國家的光和影

犬養道子氏如此寫道：「母親吃驚地問：『真的要賣掉嗎？』而我『惜別的眼淚突然間不斷地滑落，弄濕我的臉頰。』」

集郵冊最終被GHQ（駐日盟軍總司令）的將校以高價買走。尤其是紅軍相關郵票的價格更是高。犬養道子寫到她腦海裡浮現的是尾崎秀實「友善的笑容」。賣得的金額成為幫助戰爭孤兒的資金。

犬養道子氏又寫下犬養健遭到逮捕之後的生活。她看到父親被當作國事犯，雙手被繩子綁著。這個畫面彷彿在敘述無論社會或人類，輕易就可以翻臉，她也因此看盡人生百態。過去以出入犬養家為傲的商店老闆竟也說：「拒絕送貨給『上一代被陛下的軍人殺了的非國民』家庭。」另外還有下列這一段記述：

「所有人都害怕受到牽連而不敢靠近。有人朝屋子丟石頭，外出的時候遇到丟石頭或吐口水的人也不是什麼稀奇的事。母親靜靜地如此說道：『道子，社會就是這麼一回事，不需要驚訝。』母親三番兩次前往不知道我們來歷的其他地區買米。」

至今為止沒有因為想要討好或為了利益而接近的人，反而因為是「國事犯」的家，而有勇氣接近並給予鼓勵。這些人不畏懼站在門口的警察，前來慰問家人。在被軍人遭到恐怖刺殺或因為東條憲兵政治入獄就好像是一種勳章的年代，唯有這些人「笑著不願收禮，遠離那些過去討好我們家的人。」犬養道子氏認為這些人是「恩人」。

犬養健最終被判無罪，但犬養道子氏和她的家人嘗盡「社會就是這麼一回事」的真正意義。犬養道子氏透過祖父的五一五事件和父親的佐爾格間諜案，不僅看到了昭和歷史的黑暗面，更透過兩人，看盡了這個國家的光和影。這樣的犬養道子氏將她的兩本著作分別取名為寓意深遠的《與群花和眾星》和《某個歷史的女兒》，展現出的意義重大。

想必犬養道子氏也深感自己遭遇「歷史」的場面重大，因此身為作家，才會想要將這些寫下來。在《新編犬養木堂書簡集》中，可以看出祖父犬養毅對犬養道子氏的溺愛。他曾多次寫信邀請犬養道子氏到別墅來玩。其中一封寫道：「沙地、盪鞦韆、溜滑梯都還維持原樣，道子為什麼不來玩呢？盪鞦韆在等著妳。」

我是在平成十（一九九八）年之後才把犬養道子氏全集（《犬養道子自選集》全七卷）讀完。距離我在犬養毅歿後六十年追悼會上發表演說，已經過了將近十年。我發現，當時犬養道子氏給我的忠告其實也是她對自己的告誡。她之所以希望我能看透她祖父犬養毅的弱點，是因為唯有指出犬養毅的弱點，才能真正悼念他。我終於了解，這才是真正對歷史持有敬畏之念。

第五章

渡邊和子至死都無法寬恕的人是誰？

目擊部分政治恐怖攻擊的過程

二二六事件（昭和十一年，一九三六年）改變了許多人的人生，歷史沒有那麼容易忘記其本質。在事件發生後八十年，有一位女性靜靜地結束生命。在事件八十周年的這一年，這位女性追隨事件中遭到殺害的父親渡邊錠太郎而去。

這位女性就是渡邊和子，她擔任學校法人聖母清心學園理事長一職，該學園發表聲明：「渡邊和子修女於二〇一六年十二月三十日歸天，享年八十九歲。」據說是因為胰臟癌，於學園內的修道院中過世。她於晚年出版的短文集《在落地之處開花（置かれた場所で咲きなさい）成為暢銷作品。

當時年僅九歲的渡邊和子在父親遭到青年將校和士兵用機關槍掃射的現場，目睹部分過程。清晨六點，渡邊和子與雙親還在睡覺，青年將校和士兵們闖進渡邊邸，三人因此被吵醒。父親搖醒渡邊和子，命她去找母親，自己則準備迎戰暴徒。渡邊和子一開始離開父親身邊，但之後因為擔心，又回到寢室。父親心想：「妳怎麼又回來了？」不得已只好用眼神命令渡邊和子躲在房裡直立靠牆的桌子後面。

帶著輕機槍闖進寢室的士兵們開槍掃射渡邊和子的父親，她的父親也拔槍應戰。渡邊錠太郎血肉模糊，遭到射殺身亡。關於這部分內容，我曾經於平成二十八（二〇一六）年，在岡山進行長達四小時的訪問時與渡邊和子確認，躲在桌子後面目睹部分過程的渡邊和子如此說道：

「（將校和士兵們的機關槍）噠噠噠的槍聲作響。他們首先瞄準父親的腿掃射。當我還在想：『看來是為了不讓父親逃跑』的時候，血和肉已經噴向牆壁和天花板，父親的一條腿瞬間就幾乎不見。」

「士兵們離開後，我從桌後面走出來喊著：『父親！』但他沒有回應。母親飛奔而來，瞥見父親的樣子後說道：『和子去外面』，之後是姊姊幫忙善後。」（上述兩則證詞都是出自月刊《文藝春秋》二〇一六年三月號）

與昭和這個時代奮鬥

之後，渡邊和子信仰天主教，進入修道院生活，戰後走上修女和教育者的人生。我認為她不僅是宗教家和教育者，在她的人生之中也擁有與昭和這個時代奮鬥的一面。

藉由信仰克服昭和時代不愉快的記憶，我暗自聲援她的奮鬥。我深深相信渡邊和子寫的書和她的證詞，我認為這是我在理解二二六事件時應該要有的基本態度。渡邊和子在平成二十五（二〇一三）年被醫生宣告罹患胰臟癌，但表面上看不出任何徵兆，她一一回答我所有的提問。關於左右渡邊和子人生的二二六事件，她露出溫和的表情，用柔和的日文，如實說出壓抑在心底的感想。

她的證詞讓「昭和的黑影」變得清晰。例如「寬恕」。當我問她如何才能擁有寬恕之心時，渡邊和子說了一段非常發人深省的話：

「我們的心中都有鬥爭的種子。這可說是人類的天性。無論是哪一個時代，我們都必須接受這一點。也代表我們必須伴隨這個痛苦生活。然而，如果把自己交給復仇的情感，那麼鬥爭的痛苦就會在心中持續產生連鎖效應。那麼該如何是好呢？即使只是在自己的小小世界裡，也要盡量寬恕他人，帶著笑容過日子。延伸對待家人和朋友的溫柔，珍惜這一份溫柔。」

渡邊和子的著作《在落地之處開花》，寫的是她自己的生活方式。我聽著她敘述，話題逐漸轉移到她如何接受二二六事件。我問道：「您是否認為錯不在奪走您父親性命的人，整件事背後有更大的構圖，而事件就是在這個構圖之下發生？」結果渡邊和子斷言道：

「對於我而言，二二六事件不是我的寬恕對象。」

在聽到她回答的瞬間，我差點流下淚來。我認為，在渡邊和子心中，「寬恕」僅限「二二六事件之外的事」。採訪當時的渡邊和子八十八歲，距離她九歲時遭遇的經歷已經過了八十年。

即使如此，在她說出二二六事件不是她的寬恕對象時，話語中沒有絲毫偽善或虛假，美麗的詞藻當中蘊含的是奮鬥的本質（歷史證詞）。

無法寬恕「幕後黑手」

關於二二六事件，渡邊和子閱讀許多的書籍，同時聽取父親渡邊錠太郎身邊的人和前軍人的說法。她從中勾勒出事件的輪廓，我也很能理解她的理論架構。

渡邊錠太郎在一個不甚富裕的家庭長大，原本想要進入舊制高中，之後再升帝國大學，但最終是在不需要學費的軍隊相關教育機構接受教育。在他還是年輕將校的時候，月薪的一半都用來買書，屬於軍人當中少見的學究派。他在昭和軍內與將天皇神權化的集團劃清界線，甚至肯定美濃布達吉提出的「天皇機關說」（譯註：主張統治權屬於國家，天皇只是憲法下的最高統治機構）。他同時也是受到永田鐵山等人期待的領導者。

渡邊和子在說到她對事件的看法時，她首先說道：「如果說我感到憤怒」，之後又說：「那麼不是針對那些殺了我父親的人，而是躲在背後的人。」

例如，渡邊和子非常不相信真崎甚三郎。針對人事問題，真崎甚三郎對渡邊錠太郎強烈不滿，甚至有人認為這是二二六事件的遠因。

真崎甚三郎在事件後對青年將校說：「我懂得你們的精神」，但在昭和天皇下令

「堅決討伐」之後又突然改變態度。渡邊和子強烈質疑這樣的態度，她從中看到人類醜陋的一面，對此感到憤怒。不僅是執行的青年將校和士兵，渡邊和子也無法寬恕他們的領導者，也就是「幕後黑手」。他們正是渡邊和子所說的「非寬恕對象」。

渡邊和子是在昭和十年代後半時受洗，當時仍在戰時。

會選擇受洗是因為朋友說「和子好像鬼一樣」，她也厭倦了自己的性格和嚴肅的表情。雖然渡邊和子本人沒有這麼說，但想必也與她無法逃脫九歲時那段記憶有關。

渡邊和子具體敘說了下面這個故事。

感受到父親的「愛」

日本銀行岡山分行的分行長，代代都在聖母清心學園的大學擔任兼課教師，教授經濟學。有一次，真崎甚三郎的親屬擔任這個職位，成為講師。據說這名親屬對渡邊和子說：「也許您有所誤解，但真崎甚三郎絕非狡猾之人。」

NHK岡山電視台希望邀請真崎家和渡邊家上節目，真崎家這邊非常有意願，但渡邊家拒絕。渡邊和子繼續說道，她甚至沒有回覆新年賀卡。

事實上，二二六事件至今仍留下許多不可解的謎團。例如，有兩個憲兵負責保衛渡邊錠太郎而住在渡邊家。他們在當天清晨接了一通電話，但沒有告訴渡邊錠太郎及其家人。兩名憲兵藉口「當時正在二樓整束」。

憲兵裡有許多皇道派的人，我認為如果仔細查證這些事情，或許渡邊和子所說的某種「構圖」就會浮上檯面。

這雖然是我的推測，但我認為對於渡邊和子而言，九歲時目睹了這場過於殘酷的慘劇，實際感受最愛的父親慘死，這件事想必影響了她的人生。人是否擁有「寬恕」的情感？我可以理解這個提問本身對於渡邊和子而言就是一件殘酷的事。對於某些人來說，昭和史或許是殘酷且無法寬恕的歷史。

我上面已經介紹了部分渡邊和子的採訪內容，但還是需要正確地留下她對於二二六事件的歷史證詞。因此，下面摘錄部分採訪內容。

保阪：您的幾本著作都引發話題，但似乎很多人不知道您在二二六事件當中失去了父親。

渡邊：我不常撰寫有關父親的事，因此讀者在閱讀書籍之前，或許不知道這件事。我原本不擅長寫作，在我就讀雙葉高等女子學校時，老師在大家的面前誇獎了我的作文。內容敘述二月二十五日，也就是父親去世前一晚的故事。父親一如往常地對我說：「和子，要一起泡澡嗎？」我卻拒絕他說道：「今天我要和母親一起泡澡。」

父親去世之後，這件事讓我非常後悔，因此將其寫成作文。之後我慢慢開始寫文章，《在落地處開花》收錄的就是我進入修道院後所寫的文章。

我在四個兄弟姊妹當中排行老么。我是在父親五十三歲、擔任旭川師團長時出生，非常受到疼愛。

保阪：人們都說老來得子更珍惜，您想必備受疼愛吧？

渡邊：每當父親工作回來，我就會第一個飛奔過去。父親也很高興，從口袋裡拿出當時被稱作「BonBon」的罕見糖果或從宮裡得到的東西給我，哥哥們都很嫉妒。

年齡與我有一段差距的姊姊念的是女子師範大學，大哥是東京大學，二哥是近衛文麿的中尉，他們都非常優秀，但小時候的我是個劣等生。由於父親頻繁調職而沒有去上幼稚園，小學時接受學習院的入學考試，結果沒有被錄取，但父親卻非常高興。他說：「不要去什麼學習院，去被稱為民間學習院的成蹊。」我於是從荻窪的家中搭乘省線（現在的ＪＲ），前往位於吉祥寺的成蹊就讀。

有一次，成蹊舉辦試膽大會，必須半夜裡提心吊膽地走在武藏野的森林裡。哥哥們不停在路上嚇我，但我忍耐堅持走完。當時或許是擔心，父親騎著馬來接我。

保阪：您的父親以優秀成績畢業於士官學校和陸軍大學，就當時的陸軍軍人而言，大家都知道他是少見會讀書又有教養的人。他希望您接受不同於華族（譯註：貴族階級）和皇族接受的學習院教育嗎？

渡邊：父親應該認為學習院是「華族上學的地方」。

父親就好像是二宮今次郎（譯註：二宮尊德）一樣的人。他是愛知縣菸草商的長子，家境貧窮，被送到親戚渡邊家作養子。他沒有受到良好的對待，小學也只上到四年級為止。即使如此，據說他把朋友中學的教科書全部背了起來。周圍的人都勸說：「阿錠聰明，不如去考士官學校。」父親因此進入士官學校，努力讀書，獲得恩賜的軍刀。母親每次都斥責我們兄弟姊妹：「向你們的父親好好學習。」

成蹊的創立者中村春二先生，根據他立下的方針，每個學生一定要從吉祥寺的車站走到學校。對於孩子而言，從車站到學校有一段距離，但無論颳風或下雨，都得走過五日市街道，前往學校。即使衣服破了，老師也會說不可以買新衣，補起來繼續穿。父親和母親都非常欣賞這樣的教育方針。

保阪：二二六事件發生時，您還記得士兵的叫聲或對話嗎？

渡邊：我不記得人的聲音，記得的只有槍聲。

我是後來才知道，我們家是由陸軍技師柳井平八氏設計，非常堅固，據說玄關的兩扇門即使遭到輕機槍的破壞也還是打不開。安田（優）少尉、高橋（太郎）少尉等青年將校和三、四名士兵繞到後面，穿著鞋子從庭院闖進來。他們在用槍掃射父親之後，又用劍給予致命一擊。父親在留學德國時曾經是贏得比賽的名槍手，但他沒有奪走任何人的性命。死去的只有父親一個人。

保阪：您在旁邊看到了一部分過程是嗎？根據法庭紀錄可以想像遭受襲擊時，您們兩位的模樣。

渡邊：是的。士兵們離開後，我從桌子後面走出來喊著：「父親！」但他沒有回應。母親飛奔而來，瞥見父親的樣子後說道：「和子去外面。」之後是姊姊幫忙善後。驗屍完畢，我再看到父親的時候，他的身體幾乎全都被繃帶包裹起來。我把手放在他露出的額頭上，我記得非常冰冷。我心想：「原來死亡是這麼一回事。」我沒有流下一滴淚，母親也完全沒有亂了手腳。

保阪：關於二二六事件，最有力的說法是，這並非是單純由青年將校發動的事件，而是前陸相荒木和真崎大將等所謂皇道派的將軍們，煽動青年將校的結果。關於真崎大將參與的程度眾說紛紜，但無疑與青年將校們不穩動向同調。您有從您父親的口中聽過兩人的名字嗎？

渡邊：沒有從父親的口中聽說。在父親去世之後，我聽到了許多傳言。如果說我感到憤怒，那麼不是針對那些殺了我父親的人，而是躲在背後的人。

保阪：您指的是荒木貞夫和真崎甚三郎等陸軍的指導者是嗎？

渡邊：是的。我真正厭惡的是真崎大將在事件發生之後，對青年將校說：「我懂得你們的精神」，展現出理解的態度。但等到昭和天皇下令堅決鎮壓後，卻又突然改變態度（真崎甚三郎在軍法會議中被判無罪）。明明是軍人，為什麼要逃避呢？我至今依舊這麼認為。

母親在我二十歲左右時對我說：「和子，絕不可以將矛頭指向現在的天皇陛下。託陛下的福，才能保全妳父親的顏面。」事件發生之初，政府和軍部對於青年將校的態度非常優柔寡斷，但自從昭和天皇親自率兵鎮壓，青年將校才被視為叛軍。真的是如此。母親打從心底感謝昭和天皇嚴厲的態度。

戰後某一天，母親突然脫口說道：「和子，好在妳父親在那個時候去世。如果他當時沒死，現在或許會被送上軍事法庭，遭判絞刑。」我也曾經聽研究昭和史的人說過，如果父親當時還活著，想必會像山本五十六先生一樣，不得不同意開戰。或許這樣的命運在等待著父親。

保阪：事件發生後，您有與相關人士交流嗎？

渡邊：在父親五十周年忌時，我前往東京麻布的賢崇寺參拜，這裡是遭到處決的青年將校們長眠之地。事實上在此之前，其中一名叛軍河野壽大尉的哥哥，同時也是佛心會（青年將校們的遺族會）會長的河野司先生，每年都會邀請我，但我一次也沒有前往。

然而，那一年剛好是五十周年忌，因此我十分猶豫。我與採訪二二六事件的作家澤地久枝女士和研究昭和史的高橋正衛先生商量，他們兩位都鼓勵我：「請去參拜吧。」我抱著「愛汝之敵」的心情前往，但心中其實是不想去的。我想起父親經常說：

「不可以讓敵人看到你的背影。」（譯註：意指背對敵人逃跑，也就是不可逃避的意思），於是前往。

保阪：您是自己一個人去的嗎？

渡邊：是的。我是唯一的受害者遺族。但我沒有去墓地。當我正準備離開時，澤地久枝女士拿著花和香等著我。我雖然不情願，但身為修道者，我自律參拜。

參拜結束後，安田少尉和高橋少尉的弟弟站著嚎啕大哭。他們說道：「我們的二二六事件終於結束了。」我心裡想著，為什麼我要聽他們說「二二六事件已經結束了」。兩人又繼續說道：「原本應該是我們拜訪閣下，真的非常抱歉。請問您的父親葬於何處？」我於是告訴他們父親長眠的多磨靈園的位置。之後，兩人每年都會前往參拜。安田先生甚至曾經一年參拜五次。

保阪：如果您的父親知道您寫了多本著作，也得到許多讀者的支持，您覺得他會怎麼想呢？

渡邊：他想必會很高興吧。我希望社會上那些因為不順遂而受到打擊的人、認為沒有人重視自己的人，以及想要辭去工作的人來閱讀我的書。我想對這些人說的是，如果自己不改變，則不會有任何變化，想要有人幫助你開花是錯誤的想法，必須自己察覺要在落地處開花。

「在落地處開花」是我剛進修道院時，某個神父對我說的話。修道院非常辛苦，我也曾經覺得「真是太過分了」。一直以來，我在覺得辛苦的時候忍耐，不斷地向下扎根，實踐「在落地處開花」。我透過寫作告訴大家，我也曾經因為自己怎麼這麼軟弱而感到憤怒。

採訪長達四個小時。我向渡邊和子道謝，走出理事長室，我無法忘記她小小的身軀站在入口，彎著腰對我微笑的樣子。

我一般在採訪的時候完全不會提到自己的私事，但我提及曾經是天主教虔誠信徒的亡妹，以及在自己的位置上努力生活的亡妻，詢問渡邊和子，人追隨「神」、或者努力生活的樣子，到底由誰確認？這是我所關心的問題。

渡邊和子沒有回答我的問題，只透露她經常在心中對父親說：「是因為父親才走到今天。」這個時候她能實際感受到父親的「愛」。背負昭和時代教訓生活的渡邊和子，她的話語當中蘊藏著對平成時代的託付。

第六章

瀨島龍三如何竄改史實？

瀨島龍三是蘇聯間諜的說法

瀨島龍三長達九十五年的生涯於平成十九（二〇〇七）年落幕。他的一生經歷四個時代（大本營參謀、在西伯利亞的囚禁生活、經營伊藤忠商事的員工、臨時行政調查會委員），不僅同時代的人對他有興趣，在講述昭和史時，他也是一個展現獨特存在感的特殊人物。這號人物從事各式各樣的活動，同時也有人評論他在歷史當中不可解的表現。許多人在論述瀨島龍三時，會刻意貼上行為可疑的標籤。

瀨島龍三死後經常遭議論的還有所謂的間諜說。最直接提出這項說法的人是前警察官僚佐佐淳行，他一貫主張「瀨島龍三是蘇聯間諜」。例如他在著作《通過我的間諜》（私を通りすぎたマドンナたち）中寫下瀨島龍三是蘇聯的潛伏特工（sleeper）。潛伏特工指的是在確保一定的社會條件、建立穩固的地位後，為某個特定國家進行情報工作的間諜。佐佐淳行主張，瀨島龍三是在樹立社會地位之後擔任這個角色。佐佐淳行曾任警視廳公安部的外事課長，根據他直接的證詞，他斷定：「昭和三十年代，在跟蹤蘇聯大使館員的時候發現，有日本商人與館員接觸，這個人就是瀨島龍三。」

然而，由於瀨島龍三當時只是公司的底層員工，因此沒有成為正式被監視的對象。

佐佐淳行的證詞太過栩栩如生，若這是事實，那麼必定要重寫部分戰後日本史。我雖然無法像佐佐淳行一般肯定，但瀨島龍三的確有些地方引人懷疑，會出現如此的謠言也不奇怪。

我在昭和六十二（一九八七）年五月號的月刊《文藝春秋》，撰寫瀨島龍三的人物論。篇幅若以稿紙（四百字）計算，超過百張。當時《文藝春秋》亦致力於調查報導，費時六個月，動用多名採訪人員，針對「瀨島龍三是一個什麼樣的人物？」進行調查與訪問。當時，行財政改革剛才告一個段落，讀者非常有興趣知道在改革中作風犀利的瀨島龍三究竟是一個什麼樣的人物。

我認為，作為大本營參謀的瀨島龍三，他自己陳述的史實中有幾個不透明之處。例如昭和十九（一九四四）年十月的臺灣空戰，大本營情報參謀堀榮三從當地發電報，指出海軍發表的內容有異，日軍實際上不可能擊沉七艘航空母艦，不可盡信。然而，沒有人仔細查證堀榮三的電報，臺灣空戰被當作是自珍珠灣攻擊以來的大戰果，上演舉國慶賀的戲碼。由於這個虛假的發表，改變了比島（編註：菲律賓群島）決戰的作戰計畫，最終導致比島戰五十萬人戰死。

理解對方意圖的「超群才華」

昭和三十一（一九五六）年，從西伯利亞收容所返國的瀨島龍三與堀榮三一同用餐，告訴他當初扣下電報的人就是自己。誰都沒有提及這一件事，到了昭和五十年代後半，透過曾在大本營擔任作戰參謀的朝枝繁春等人，事情才曝光。我在整理上述原稿時，曾與堀榮三多次會面，也採訪了瀨島龍三，再三確認。

然而，瀨島龍三表示不曾對堀榮三說過這樣的話。他在著作（《幾山河——瀨島龍三回想錄》）中提到這件事時也說：「我記得我對堀先生說：『你們提供了許多情報，但有些不盡如人意，真是抱歉。』」

我確認兩人的證詞和當時的紀錄，我雖然認為堀榮三的證詞可信，但也很難想像在作戰課裡，瀨島龍三一個人就可以把情報扣下。關於這一點，瀨島龍三的辯解一直曖昧不明，直到最後都無法確認。也就是說無法得到確定的史實。除此之外，關於瀨島龍三作為外交信使，於昭和十九（一九四四）年前往蘇聯的原委也曖昧不明。關於這一點，我在採訪時發現，瀨島龍三作為大本營參謀，他盤算著對於那些講出來之後會招來誤解的事實，最好還是維持不透明。但我覺得，這樣的作法反而招致更多誤解。

我於昭和六十二（一九八七）年三月二十三日與二十五日，兩度與瀨島龍三見面，進行各四小時，總計八小時的採訪，他回答了我各式的提問。話雖如此，我很快就發現他的說話方式有一項特徵，那就是他會一邊試探對方的知識量和對史實的理解能力，一邊發言。從中可以看出，他不愧是自稱「昭和的參謀」，擁有透視對方意圖及提問意義的超群才華。

我與他會面時他已經七十五歲，但記憶非常準確。我未曾向他提出「似乎有傳聞說您是間諜」的疑問，因為我並不相信。然而，我向他詢問有關他在西伯利亞收容所進行的民主化運動，和在東京審判時作為蘇聯方證人出庭的原委，雖然我沒有提出關於間諜說的疑問，但確認了許多他善意對待蘇聯的證詞。然而，無法因此就認為他是間諜。

當我在《文藝春秋》發表瀨島龍三人物論後，立刻引發三個漣漪，讓我大吃一驚。這件事至今為止沒有充分記述，但這三個漣漪說明社會充斥著認為瀨島龍三是間諜的氣氛，或者存在許多擁有這種看法的人或勢力。下面記述這三個漣漪（事先說明，我自負當時所寫的瀨島論沒有特別稱頌或批判、而是站在客觀的立場書寫）。

收容所裡的「紅色拿破崙」

第一個漣漪是來自公安相關退職者的信。尤其是自稱N的人寫來的信，信中寫滿自己的行動和感想，並斷定瀨島龍三就是間諜。公安相關人士傾向認為被囚禁在西伯利亞的人遭到赤化，但關於瀨島龍三，則確信他已經赤化。信中堅稱瀨島龍三是遭到蘇聯利用、成為特工的其中一名關東軍將校。

然而，這與上述佐佐淳行所說瀨島龍三是蘇聯潛伏特工的看法，站在截然不同的立場。

佐佐淳行是在東西冷戰下跟蹤蘇聯駐日大使館員，發現瀨島龍三與大使館員接觸，這樣的論調與政治問題高度相關。佐佐淳行認為瀨島龍三代表蘇聯的利益，因此強烈懷疑任用瀨島龍三的政治人物。

一九九〇年前後，在蘇聯的社會主義體制崩壞後，蘇聯的秘密文件等曾經短暫公開。由於我在《月刊 Asahi》刊登連載，因此曾經多次與編輯部的人一同前往莫斯科，拜訪東洋學院等保管相關文件和紀錄的組織，申請閱讀公開的資料。當時，日本的報社、通信社、出版社、電視台都搶著拜訪這些機構，努力挖掘史料。我們主要的目的在於確認被囚禁在西伯利亞的關東軍將校和士兵，被賦予什麼樣的角色。

當時在某個公文書館裡，一位研究員問了一個奇怪的問題。他說出某個商社的名字並問道：「這家企業是報社還是電視台呢？」又說這個企業經常來調查史料。研究員說的企業正是瀨島龍三工作的商社。我們猜想：「想必蘇聯有讓瀨島氏介懷的史料，他是害怕這些史料被公開，所以才來調查的吧。」

第二個漣漪是許多被囚禁在西伯利亞的收容者（第十三分所），寫了好幾封信寄到編輯部。內容是關於瀨島龍三熱衷於民主化運動，將校之間都謠傳他是「紅色拿破崙」。我在拙作《瀨島龍三——參謀的昭和史》中寫道：「他負責為將校團的民主化搖旗。將校們都謠傳瀨島龍三是『紅色拿破崙』」。實際上許多書簡都介紹了足以佐證的故事，內容非常具體。

經常遭受懷疑的目光

第三個漣漪是我刊登於《文藝春秋》的拙稿經過英譯，被投遞到美國上下院議員的郵筒裡。當然，我不清楚事情的內幕，我是透過外國的媒體知道這一件事，著實大吃了一驚。究竟為何呢？即使可以想像與國際情勢的動向有關，但無法判斷事情的內幕。想必是有人想要讓美國的上下院議員知道瀨島龍三是一個什麼樣的人，或是對於他的動向有所懷疑，因此才會發生這次的投遞事件。

我是在閱讀佐佐淳行的著作《沒有智慧的國家會滅亡》（インテリジェンスのない国家は亡びる）才大致掌握事情的樣貌，他在書中寫道：「瀨島龍三被認為也參與其中的最大事件（保阪註記：我於瀨島論中發表）是一九八七年遭到揭發的『東芝事件』。」這個事件是東芝機械於昭和五十七（一九八二）年至五十九（一九八四）年之間，向蘇聯輸出工具機和相關軟體，但這些產品是不被允許輸出到共產國家的。東芝機械被認為偽造文書進行輸出。這些工具機可以用來製作潛水艇的螺旋槳，能夠大幅提升蘇聯的海軍實力。

美國掌握了這項違反巴黎統籌委員會（對共產圈輸出管制委員會）規定的事件，日本司法當局也搜查東芝機械，以違反《外貿及外匯管理法》等，逮捕東芝機械的幹部。

根據佐佐淳行的記述，瀨島龍三被認為是負責將產品賣給蘇聯的伊藤忠商事幹部，因此他曾建議當時的中曾根康弘內閣調查瀨島龍三。由於佐佐淳行是首任內閣安全保障室長，因此曾經參與高層級的政治活動。然而，瀨島龍三是中曾根內閣的智囊之一，因此最終沒有遭到追究。

下面是我的推測。經過東芝事件，想必美國也很關心瀨島龍三究竟是個什麼樣的人物。也因此我的拙稿才會被翻譯成英文、投遞到上下院議員的郵筒裡。我不知道這個投遞事件是美國的哪一方勢力所為。事前沒有人詢問過我。

透過這三個漣漪可以得知，瀨島龍三的事件絕不簡單，隨時有人（或勢力）帶著懷疑的目光盯著他。

我不過是剛好瞥見了歷史的一角。下面介紹一段故事：

我在首都東急飯店的一室與瀨島龍三見面。在結束八個小時的採訪後，他請編輯和攝影師先離開，把我叫到房間的角落，輕聲對我說：「你做了很多功課。」他說他從未接受過像我這般提出四十個問題（而且很具體且仔細）的訪問。又補充說道：

「我比誰都熟悉你有興趣的昭和史。我現在手裡有許多資料。我讓你可以自由進出我的辦公室，你可以隨時來訪。對你一定有幫助。」

我當時四十八歲。身為非文學類作家，我對我的工作擁有強烈的使命感。我充分理解瀨島龍三的話是什麼意思。我沒有回答，僅謝謝他接受兩天的採訪就走出房間。我現在依舊鮮明地記得瀨島龍三當時說過的話。

軍官僚的生態

瀨島龍三是間諜的街談巷議或傳言之所以在瀨島龍三從西伯利亞回國後的昭和三十一（一九五六）年開始流行，當然與東西冷戰下的情報戰有關，這是不爭的事實。最好的證據就是這些街談巷議主要由公安相關人士洩露，進而傳遍整個社會。無論是否為真，沒有明確可以判斷的史料或紀錄文件。因此僅止於謠言的形式。

我與瀨島龍三見面，了解大本營作戰參謀的立場在軍內擁有的勢力是多麼地龐大。昭和陸軍當中，於參謀本部作戰課任職的軍人，對於一般士兵而言是遙不可及的存在。遠比瀨島龍三年長的軍人在談到身為大本營作戰參謀的瀨島龍三時，也都是用謙卑的口吻講述。有些人對於瀨島龍三是間諜說法感到憤怒，並加以正面反駁，認為他即使在蘇聯的收容所接受政治教育，也不可能成為間諜。相反地，也有人承認瀨島龍三就是間諜，認為蘇聯不可能不利用大本營作戰參謀的名號，想必是用盡各種方式說服，最終瀨島龍三只能為蘇聯提供情報。這些人之後必會說A也是、B也是，C也是如此，列舉出許多不同的名字。

我在昭和時代快結束的時候，為了找出瀨島龍三真實的樣貌，於是採訪了許多相關人士。不僅是我，文藝春秋社動員了多名記者，大範圍地進行採訪。瀨島龍三或許是對這樣的採訪規模感到吃驚，據說曾經施壓，要求停止這項企劃。然而，出版社沒有因為壓力而屈服，反而鼓勵我更進一步地深入採訪，自由自在地確認其真實樣貌。

前往美國華盛頓的國立公文圖書館和馬里蘭州的國立紀錄中心採訪，也是其中的一環。這裡存放包含美國如何看待瀨島龍三在內的大本營參謀生態，以及在日本戰敗後的美國佔領時期，GHQ（駐日盟軍總司令）如何利用瀨島龍三，又認為他是何種類型的人物等，許多史料和紀錄文件。

我曾經與採訪工作人員談到，瀨島龍三「希望不要報導」的要求造成反效果，反倒自掘墳墓。

我透過這些管道，確認瀨島龍三的處世之道，這同時也可說是確認軍官僚生態之旅。我發現瀨島龍三的處世之道和隱瞞史實的手法不僅限於他一人，而是昭和陸軍軍官僚的通病。我發現這個手法使得最終當間諜說廣為流傳時，完全沒有招架之力。下面舉例說明。

關於東京審判的虛假回憶

瀨島龍三是在昭和二十一（一九四六）年十月十八日，從西伯利亞收容所，乘坐蘇聯的飛機被帶到東京，站在遠東國際軍事法庭（東京審判）的市谷法庭上。檢方譴責日本軍閥的侵略性。當天，蘇聯的檢察團控告日本陸軍一直以來都對蘇聯懷有侵略的意圖，作為證據，朗讀了大本營作戰參謀瀨島龍三的陳述書。

當中有一段寫道：「如過往的作戰計畫，昭和十七年度的計畫是攻擊計畫，預計展開急襲作戰。」如果逐一檢證他的證詞，瀨島龍三的確具體透露日本陸軍每年都有對蘇聯的作戰計畫，而這個計畫也包括了攻擊。瀨島龍三並沒有特別說出虛偽的證詞。然而，蘇聯的檢察團認為這個「攻擊計畫」正是日本意圖侵略的佐證。很容易可以看出，瀨島龍三官僚式的回答反而遭到利用。瀨島龍三也逐漸落入對方的節奏之中。

直到我們的採訪之前，瀨島龍三幾乎不曾講述他出庭東京審判時的心情。唯一在《文藝春秋》（昭和五十年十二月號）的〈大本營的二千日〉中，曾經簡短提及。引用內容如下：

「（昭和二十一年，一九四六）九月，我曾經一度返回東京。最初我完全不知道為何突然被帶到東京。抵達羽田之後，看到星條旗高掛，我心想，啊，日本果真還是遭到佔領。我在羽田被交給佔領軍，坐上吉普車，被帶到位於丸之內的三菱仲六號館。經過二、三天，我才知道自己是被帶來當作東京審判的證人出庭。」

也就是說，瀨島龍三說他完全不知道自己成為東京審判證人的原委，而是某一天突然從收容所被帶到東京，到了之後才發現是東京審判。如果是這樣的話，那麼瀨島龍三沒有經過任何練習，突然就以蘇聯的證人身分出庭。然而，這個說法完全是謊言。我是透過不經意在美國的公文圖書館當中找到的文件得知。蘇聯刻意將瀨島龍三放上證人席有其用意。

蘇聯從囚禁在西伯利亞收容所的日本陸軍將兵中選出三人，多次舉行模擬東京審判證詞的讀書會，教他們如何說出對蘇聯有利的內容。

三人之一的草場辰巳中將作為候補證人被帶到東京，但之後他服下秘密持有的毒藥自盡。草場辰巳有寫日記的習慣，蘇聯為了證明草場辰巳是自殺，因此向美國提供了他的日記。美國將他的日記翻譯成英文。我在美國的公文圖書館當中發現的就是草場辰巳的日記。

與「大本營發表」完全相同

根據草場辰巳的日記，除了三名軍人外，樺太廳長官大津敏男也以證人身分，與其他的將校被另外聚集在伯力的「夏之家」（似乎是蘇聯軍人們的別墅）。七月十日的日記當中寫道：

「負責調查的將校科特里科夫大佐，與收容所的副指揮官，同時也是口譯的托伊羅夫、大津、松村（保阪註記：松村知勝少將）、瀨島，以及另一名將校共進晚餐。針對作為國際軍事法庭證人出庭一事熱烈討論。」

瀨島龍三在戰後的證詞完全是謊言。他不可能什麼都不知道就來到東京，關於這一點，瀨島龍三是刻意說謊。

補充說明，舊蘇聯對日關係的情報將校伊萬・科瓦連科在蘇聯的社會主義體制崩壞之後，曾與多名日本記者見面，揭露蘇聯如何對日本操作情報的實情。他的著作也在日本出版。另外，共同通信社社會部記者們沿著瀨島龍三的軌跡撰寫而成的書籍（《沉默的檔案》〔沈黙のファイル〕），當中也公開了記者們與科瓦連科的訪談。科瓦連科向記者們仔細說明瀨島龍三在西伯利亞收容所內的行動，可見蘇聯確實掌握瀨島龍三的一舉一動。

科瓦連科是西伯利亞收容所的政治將校，由於精通日文，因此從訊問日本俘虜到進行政治宣傳，都是由他負責。他也說出蘇聯選擇瀨島龍三等人的理由。從科瓦連科的證詞中充分證實，瀨島龍三的確知道自己是東京審判的證人。不僅如此，科瓦連科回答共同通信記者的提問，表示蘇聯擔心，如果他們比其他俘虜早回到日本，那麼日本就會發現「他們背叛了日本」，或許會遭到日本人殺害。

瀨島龍三的證詞當中，存在許多諸如此類的虛假與謊言。蘇聯看破了他的謊言。例如，科瓦連科說瀨島龍三曾說：「從作戰課調到情報部，以外交官的資格成為外交信使。」科瓦連科補充說明：「瀨島龍三在莫斯科與德國負責情報的人接觸。他的目的是間諜活動，他是適合的人選。」他所說的「德國負責情報的人」，想必是位於蘇聯內部的德國間諜。

這樣的史實不斷累積，不難發現瀨島龍三除了大本營作戰參謀外，還有多種面貌。我在此斗膽斷言，昭和陸軍的軍官僚體質，容易讓人將瀨島龍三與他是蘇聯間諜的謠言連結。這不僅限於瀨島龍三，省部的幕僚們也有此通病。當中包括「絕不說出對自己不利的話」、「經常用他人的意見闡述自己的意見，不說真話」、「藉由闡述某個事實，讓人以為這就是事情的『全貌』」、「配合對手的知識量和情報量闡述自己的說法」等特徵。太平洋戰爭下的「大本營發表」，最大的特徵是虛假或竄改事實，與此完全相同。

瀨島龍三的軍官僚體質在戰後社會中也展露無遺。想必這也是為什麼容易將他與蘇聯的間諜說連結在一起的理由。

無法拂拭間諜說的理由

在我採訪瀨島龍三時，他的說話方式有時會讓人產生錯覺。他說自己是在九月十八日出庭東京審判。然而事實上是十月十八日。他又說沒人告知他要出庭東京審判，就被帶到東京。事實上，與瀨島龍三一同被帶到東京的松村少將，根據他家人的證詞，曾經秘密與家人見面。然而，瀨島龍三堅稱自己沒有與家人見面。

將這些的話累積起來會發現，瀨島龍三在利用某一部被認為是以他為原型寫成的小說。這部小說就是由山崎豐子創作的《不毛地帶》（昭和四十八至五十三〔一九七三至一九七八〕年的五年間，於周刊《SUNDAY每日》連載。昭和五十三年刊行單行本，成為暢銷小說。）我發現，瀨島龍三將自己與書中的主角壹岐正重疊。書中的大本營參謀壹岐正在西伯利亞收容所內徘徊於生死間，後來成為東京審判的證人，回到日本之後於大型商社工作，支撐戰後日本的經濟。壹岐正在回顧歷史的同時，又在現實社會中展現積極作為的企圖心，可說是日本人的模範之一。

由於壹岐正的設定與瀨島龍三的狀況相似，因此一直有人說這部小說是以瀨島龍三為原型。聽起來可能有些奇怪，但瀨島龍三的發言反而是在配合壹岐正（在《不毛地帶》中，壹岐正是在九月十八日站上法庭。）也就是所謂的「偽裝」。

我過去將瀨島龍三的人生整理成四個時代，撰寫成單行本刊行，當時曾經與山崎豐子見面。山崎豐子說：「壹岐正不是以瀨島先生為原型。我採訪了五、六位日本軍人，而壹岐正是我創作出來的人物。」她又說，有人卻以為是以瀨島先生為原型，對此感到非常困擾。山崎豐子還說，希望我在非文學類的著作中佐證壹岐正的人格與瀨島龍三完全不同。山崎豐子似乎對瀨島龍三是小說原型的說法感到困惑。

某種程度上，「瀨島龍三是蘇聯間諜」的說法有些不負責任。然而，之所以出現這樣的說法，與瀨島龍三身為軍官僚的體質和誘導輿論的算計也不無關係。

無論如何也要阻止報導的想法，讓我再一次感受，瀨島龍三終究還是跳脫不了軍官僚的體質。又或許這種體質才是在日本社會中成為有力人士的條件。

後藤田正晴旁聽東京審判

瀨島龍三以蘇聯證人的身分出庭東京審判，這件事不僅陸海軍的軍人，同時也為內務省和大藏省等文官帶來衝擊。我是在採訪包括前內務省官僚後藤田正晴在內等多人時，發現這一件事。

我曾經詢問後藤田正晴：「您從戰場回來後，再度置身內務省，您是否曾經前往當時正在進行的東京審判旁聽呢？」後藤田正晴表示，上司曾經對他說：「最好去旁聽一次」，而他前往旁聽的那一天，正好是瀨島龍三以證人身分出庭的日子。我同時也訪問與後藤田正晴同期的官僚們，之後又為了了解戰時財政而採訪當時的大藏省官僚，他們都說出與後藤田正晴相同的話。

這個事實代表什麼意思？陸軍優秀的參謀接受近代日本假想敵國蘇聯的要求，站在證人台上，這個事實引發大家對於日本是否轉向共產主義的關心。再加上昭和二十一（一九四六）年，由共產黨主導的工會運動和讓人以為是革命前夕的大眾運動在日本國內擴張。

在這樣的社會氛圍下，瀨島龍三的證詞想必備受矚目。如果出現共產主義的社會空間，那麼文官們也勢必需要新的對應之策。我認為就是在如此的危機意識下，年輕官僚之間才會出現「總而言之，先去確認瀨島龍三的證詞」的氛圍。又或者可以想像，各省廳的幹部下令仔細聆聽瀨島龍三的證詞，也是為了藉由東京審判，確認過去帝國軍人是用什麼理論與共產主義同調。當時，日本的共產勢力強大，官僚當中不乏有人赤化。也許也是為了掌握各省廳總有一天會進行的赤色清洗將以什麼樣類型的人為對象，認為這是偷偷學習瀨島龍三陳述理論的好機會。

法庭上，與辯護團副團長清瀨一郎的盤算不同，瀨島龍三僅誠實說出有關自己工作領域的證詞。

換個話題，昭和五十七（一九八二）年，中曾根康弘內閣誕生，作為財界人士，或是說作為過去的大本營參謀之一，中曾根首相巧妙地利用瀨島龍三，讓他成為實質推動臨時行政調查會的人物。當時是由後藤田正晴擔任相當於內閣總管的官房長官，他與警察當局之間，都出現不明白中曾根首相為何重用瀨島龍三的聲音。關於這一點，我也曾經直接問過佐佐淳行。也就是說在昭和五十年代，過去經歷戰爭的世代之中，那些曾於二十至三十多歲參與戰爭的人，心中夾雜了許多複雜的情緒。

我與這個世代的人有著二十至三十歲的差距，偶然對昭和史感興趣，因此才留意細節，從戰後世代的角度來看，發現了許多不透明的空間。

連第一次史料也竄改

軍官僚的回憶錄中，有些事實遭到扭曲。某位將官先對我說：「絕對不可以寫出來。」之後具體說出在日中戰爭和太平洋戰爭下，自己如何參與殘暴的行為。某個事件的下令者是某某人，內容如何如何，結果造成這個事件的發生等。這些驚人的史實未被公開，被當作沒有發生過。包含這樣的例子在內可以了解，史實遭到如何的扭曲，尤其是軍官僚們如何竄改史實。

在查證這些事情的時候，最容易成為箭靶的人其實就是瀨島龍三。

若是不知道情況的人閱讀或聆聽瀨島講述的史實，會覺得原來如此，點頭稱是。同時也會產生錯覺，認為這個當時三十多歲的參謀身居昭和陸軍要職，推動國策。事實上，瀨島龍三巧妙地利用這樣的錯覺。說起來，這種軍官僚的性格是日本官僚的「不良傳統」，很難分辨官僚有沒有染上這種「不良傳統」。然而我可以自負地說，尤其是陸軍的軍人，我可以輕易分辨。

如前所述，瀨島龍三所代表的軍官僚，他們言行的特徵包括「絕不說出對自己不利的話」、「經常用他人的意見闡述自己的意見，不說真話」、「藉由闡述某個事實，讓人以為這就是事情的『全貌』」、「配合對手的知識量和情報量闡述自己的說法」等。他們最為人詬病的重大缺陷就是「伸手竄改第一次史料」。從最近的國會審議當中，也可以輕易找出這種不負責任（說出紀錄已經燒毀等虛假言詞）的官僚。關於「森友」、「加計」問題（譯註：日本現任首相安倍晉三陷入的醜聞風暴，兩所學園皆涉嫌以低價取得國有土地），財務省的局長和官邸秘書官等，所謂的菁英官僚進行兩種欺瞞。先說「沒有相關資料」或「不記得」，等到被發現相關資料確實存在且遭到竄改（為了維持答辯的一貫性而命令部下竄改），又說「不知道相關資料的存在」或「與我的記憶不同」，公然說謊。

另一種欺瞞則是用權力顛覆社會的常識。我從瀨島龍三身上也可以看到這兩種欺瞞。正好有這樣的例子，因此特別提出。再次強調，這樣的特徵不僅限於瀨島龍三。

平成四（一九九二）年九月，全國抑留者補償協議會（會長齋藤六郎）出版了名為《西伯利亞滯留者秘史》（シベリア抑留秘史）的書籍。齋藤六郎長期與蘇聯和俄羅斯交涉，不斷地要求對方提供西伯利亞滯留者的紀錄文件。一九九二至九三年，在俄羅斯最高軍事檢察廳等的協助之下，得到了俄羅斯方面的紀錄文件。在這個過程當中，發現以法務大佐弗拉基米爾．亞歷山德羅維奇之名刊行的這本書，因此翻譯成日文後出版。

我與《月刊 Asahi》編輯部的N先生，當時為了調查俄羅斯方面的各種史料經常前往莫斯科，也因此認識了齋藤六郎。他身為一名士兵，曾被囚禁於西伯利亞，因此希望藉由俄羅斯方面的史料，證實這段歷史的原委。我們對齋藤六郎的努力表示敬意，也持續給予協助。

「日本的軍官僚做出這樣的事」

我協助了《西伯利亞滯留者秘史》的編輯過程。當時，齋藤六郎告訴我們有關編輯的內幕。他說瀨島龍三要求：「希望事前閱讀原稿。」（關於這一點，瀨島龍三否認）最終，譯文從齋藤六郎手中交給了瀨島龍三。大約一個月後，瀨島龍三將經過恣意修改的原稿寄了回來。

齋藤六郎後來給我和N先生看了經過修改的校正稿，我們看完之後非常錯愕。老實說，我們最直接的感想是：「日本的軍官僚竟然做出這樣的事。」

一九四五年八月十九日，被召集到蘇屬賈力科沃的總參謀長秦彥三郎和瀨島龍三，以及翻譯官宮川船夫（哈爾濱總領事），收到蘇聯的遠東軍司令官華西列夫斯基元帥（Charles Andrew Willoughby）下達的命令。關於這一點，蘇聯方面有相關的文件，但譯文遭到瀨島龍三單方面刪除和修改。

修改的例子之一是，他追加了日方在「日蘇兩軍盡速停戰的基礎上」，要求「把軍將兵和一般日本人送還本國」的語句。然而，蘇聯方面沒有關於這兩點的史料。瀨島龍三為此強調這是「停戰會談」，但蘇聯單方面下達命令才是真相，稱不上是停戰會談。既然已經發表接受波茨坦宣言，別說是「停戰會談」，只是單方面被蘇聯叫來，被通知下達的命令罷了。

瀨島龍三稱其為「停戰會談」，堅持自己曾經要求蘇聯盡快歸還日本將兵。再次強調，蘇聯方面的史料完全沒有這樣的記述。

此外，瀨島龍三又修改了下面這一段話。

原本的譯文是「把不過是關東軍一介參謀的瀨島龍三推舉成世界史的主角，是一件不適當的事。」也就是說，將戰俘押往西伯利亞和佔領北海道是蘇聯和美國領銜主演的戲，把瀨島龍三說得好像試圖阻止將戰俘押往西伯利亞是一件勉強的事。

關於這個部分，瀨島龍三加上了「雖然說非常有能力，但不過是關東軍一介參謀……」的形容句。此外，書中介紹了瀨島龍三在西伯利亞收容所向蘇聯提交的筆記，當中包含一九三〇年代為了準備與蘇聯開戰而起草的幾份文件。例如海參崴作戰計畫（「軍事行動開始後，立刻動員位於朝鮮半島、日本海以及北薩哈林的船團。此外，用潛水艇破壞海參崴艦隊，為了登陸進行攻擊（略），動員航空機），書中詳細介紹這些作戰計畫，但瀨島龍三要求全部刪除。他不希望讓人知道他在西伯利亞收容所的筆記裡提到這麼詳細的計畫內容：

瀨島龍三又追加了下面這一小節內容。

「此外，與瀨島龍三相關的『作戰計畫』皆是為了有事時所準備的作戰實施『計畫』，並非『開戰計畫』或『戰爭實行計畫』。無論於哪一個國家的參謀本部，這都是當然的職責。瀨島龍三反覆向訊問官強調這一點。」

瀨島龍三害怕的冷漠眼神

調查經過修改的地方會發現，瀨島龍三單方面改寫俄羅斯有力人士所寫的書，完全沒有著作權的觀念。我和N先生都感到非常驚訝，齋藤六郎也感到困惑，甚至擔心可能成為國際問題。

關於這一點，N先生用編輯部和我的名義約訪瀨島龍三。瀨島龍三表示「不願接受保阪正康的質問」，於是由N先生前往採訪。N先生希望我寫下提問大綱，我於是整理了幾個問題。當時N先生與瀨島龍三的訪談刊登於《月刊Asahi》（一九九四年一月號），標題是〈如果知道歷史的根柢，當然會改寫〉（歴史の根底を知れば加筆は当然だ）。瀨島龍三反而認為報導修改事件的媒體有問題。

瀨島龍三表示，日本方面向蘇聯提出了兩項要求。但當問道：「華西列夫斯基的公務電報影本裡沒有這一點」時，瀨島龍三反覆強調這是翻譯不良的關係。然而，瀨島龍三本人透過札幌第五方面軍發給大本營的電報當中也沒有提及「即時停戰和關東軍將兵送還本國」兩點。問到他為何沒有提及時，瀨島龍三回答：「我們以為當然會在冬天之前返回。因此不需要特別報告。」他一方面說這是重大的事實，另一方面又用這樣的說法迴避。

又問道：「蘇聯方面的書籍沒有提及，擅自追加內容不是一件很奇怪的事嗎？」瀨島龍三卻說他不過是把自己說過的話原原本本地寫下來，有什麼不對？面對「您為何在譯稿『不過是關東軍一介參謀』的句子前面，加上了『雖然說非常有能力』」的提問，瀨島龍三表示：「那只是形容詞。」

我一邊閱讀訪談紀錄一邊思考，我們這個世代應該如何看待戰時領導者的證詞？又會對證詞產生什麼樣的疑問？有必要思考傾聽證詞時的態度是多麼地重要。

補充說明，瀨島龍三發給大本營的電報中，並沒有提及要求「即時停戰」與「關東軍將兵送還本國」。雖然如瀨島龍三本人所說，這是「理所當然的事」，但電報當中報告了軍人的階級章與佩刀的許可、將官配有副官，以及允許將校使用值班士兵等。這些事實代表什麼意義？這代表對軍官僚而言，重要的不是盡快「送還本國」，而是維護自身的尊嚴。在最後關頭，軍官僚只想著如何明哲保身。瀨島龍三的證詞說出了這一點。

如前所述，在瀨島龍三出庭東京審判作證的那一天，文官們在二樓旁聽。他們心中有什麼感受呢？我曾經問過文官們這個問題，但沒有人回答。想必在他們心中，雖然說是身為官僚的應對之道，但看到站在證人席上的瀨島龍三，依然覺得可恥。與瀨島龍三同世代的官僚，他們的眼神異常冷漠。瀨島龍三在戰後社會裡，最害怕的恐怕就是這種眼神。

追加說明，我認為，從二〇一七年至二〇一八年，包括虛言妄語的財務省官僚們在內的幾個人，終究會在記述歷史的書籍當中留下污名。

第七章

吉田茂為何堅持護憲？

女兒麻生和子眼中的吉田茂

吉田茂於敗戰後的佔領期擔任首相，在歷史上可說是僥倖。由於吉田茂徹底反對昭和十年代由軍事主導的體制，因此強烈希望戰後日本社會能夠消除舊陸海軍的色彩。

關於這一點，在我與吉田茂第三個女兒麻生和子的訪談當中，她舉出了幾個具體的例子說明。

麻生和子與九州煤礦財閥麻生太賀吉結婚，她是吉田茂最倚重的女性。我因為想要撰寫吉田茂的評傳，因此在平成二（一九九〇）年初寫信給麻生和子，希望能夠採訪她。我取得她的諒解，她特別空出時間，接受共兩次的採訪。時間分別是平成二年的六月和十月。麻生和子當時已經七十五歲，我記得她與管家一起住在位於東京澀谷的一間歐風建築物裡。她在玄關旁的會客室裡，接受總計五小時的訪問。

她說話的語氣肯定，抑揚頓挫分明，從她說話的方式和說明事情的口吻可以看出她非常重視「個體」。她於昭和二十年代養育六個孩子，同時也擔任吉田茂的秘書。吉田茂在昭和二十六（一九五一）年九月以全權代表的身分出席舊金山和平會議時，也帶著麻生和子同行，倚重她的語言能力和不讓人分心的說話方式。吉田茂在接受記者訪問的時候曾說：「（麻生和子）與其說是我的女兒，更應該說是我身邊最有能力的重要秘書。」

下面介紹幾段我與麻生和子的訪談內容。

「他（吉田茂）直到昭和十四（一九三九）年左右為止，都擔任駐英大使。當時已經是軍人掌權的時代，因此吃盡苦頭。例如來自本省陸軍的壓力，也沒有獲得充分的交際費和機要費。他身為大使，甚至只能用自己的錢舉辦宴會。」

「他尤其反對三國同盟。也因此成為陸軍的眼中釘。不過我聽說，駐外武官（保阪註記：辰巳榮一）非常理解他的心情。」

「佔領時期，他與名為麥克阿瑟的軍人投契，我認為這對於日本而言是一件非常幸運的事。我認為佔領政策因此進展順利。」

在東京澀谷的宅邸，當時七十五歲的麻生和子回憶過往。說到底，回顧昭和十六（一九四一）年十二月起的太平洋戰爭，從吉田茂的幾個舉動可以立刻發現，他反軍部的態度明確。在我指出這個事實的時候，麻生和子大致上都承認。戰時，由於麻生和子作為實業家夫人養育子女，因此只有間接參與政治活動。

「吉田反戰集團」

吉田茂在戰時雖然是外務省的大老，但沒有擔任公職，過著往來於大磯和東京永田町兩處宅邸的生活。曾擔任元老西園寺公望秘書的原田熊雄和華族樺山愛輔、三井的池田成彬，以及久原房之助等有力人士都住在大磯，吉田茂也經常與這些人秘密商討該如何終結戰爭。他又在永田町的宅邸與包括近衛文麿在內等不信任軍事體制的要人們交換情報。

陸軍憲兵隊的隊員和負責謀略的陸軍省兵務局情報特務，偽裝身分接近吉田茂。他們分別以女管家和學生的身分住進吉田茂位於大磯的宅邸，在不知道彼此存在的情況下持續監視吉田茂。從陸軍監視機關的秘密文件當中可以看出，吉田茂被認為是「吉田反戰集團」的中心人物，用「Johansen」的暗號稱呼他。順道一提，這些機構稱經常與吉田茂接觸的近衛文麿為「Kogen」。陸軍尤其認為「Johansen」和「Kogen」是「兩大反戰分子」，視他們為眼中釘。

我剛好從潛入吉田茂家中的學生（自稱東輝次，陸軍中野學校出身的情報特務）的遺族手裡，得到當時的筆記，因此知道吉田茂如何遭到監視。麻生和子也說想起一些蛛絲馬跡，讓我印象深刻。我重新整理這些史料，仔細閱讀之後發現，吉田茂在太平洋戰爭時進行名留青史的和平工作，這是不爭的事實。也就是說，成為吉田茂戰後政治立足點的思想和哲學，早在戰時就已經刻進歷史的年譜之中。

找到吉田茂思想在歷史上的定位，確認其立足點，是最重要的事。

下面特別提出兩個例子。

其一是在昭和十七（一九四二）年三月左右，全日本因為新加坡淪陷而沸騰，吉田茂大膽地與近衛文麿、池田成彬、宇垣一成等人討論和平交涉。這時，吉田茂向近衛文麿提出符合他外交官出身的方案。

「派遣與皇室最親近的公（保阪註記：指的是近衛文麿）前往瑞士，即使只是漫然停留，也必會引起歐洲各國注意。如果戰況對英國不利，想必會拉攏公，若德國陷入苦戰，想必也會與公接觸。」

吉田茂對近衛文麿說：「你前往日內瓦靜養，如此一來，許多國家和相關機構都會來接近你，你可以從中創造和平的契機。」近衛文麿也躍躍欲試。於是，他們試著透過內大臣木戶幸一向天皇報告。然而，事情最終不了了之。雖然真相不明，但據說是因為木戶幸一沒有向天皇報告。無論如何，吉田茂的意圖明確地刻印在歷史上。

陸軍也察覺了這些動靜，於是重新注意到「Johansen」，緊盯他的和平行動。

「軍內是共產主義的溫床」

另外一個例子是昭和二十（一九四五）年二月，天皇個別會見各重臣，摸索和平的方向。七日首先會見平沼騏一郎，之後又與若槻禮次郎、岡田啓介等人會面，直到二十六日的東條英機為止，共有七名重臣與天皇會面，陳述自己的想法。天皇為了將軍事上的敗北縮小至一定的範圍，於是詢問重臣和平之道。七名重臣之一的近衛文麿是在二月十四日與天皇會面。近衛文麿在陳述應該盡早進行終戰工作的意見後，上交其他人都沒有提出的上奏文給天皇，這是一件非常稀奇的事。

在論述太平洋戰爭時，作為重臣的意見之一，這封近衛上奏文之後也經常在歷史中被提及，可見其意義之重大。上奏文全文約三千字，以「雖然遺憾，但敗戰已是不可避免的事」開頭，前半部分析世界情勢，寫道：「仔細思考國內外的情勢，現在正朝著共產革命急速前進。」從歐洲可以看出，敗戰等於面臨共產革命的危機。當中列舉出僅憑近衛文麿對國際情勢的認知無法陳述的史實。

後半部的內容予人更大的衝擊。他具體記述共產主義勢力蔓延日本國內。他指出，軍內是共產主義者的溫床，並寫道：

「大部分職業軍人皆出身中下階層家庭，大多身處容易接受共產主張的環境。他們在軍隊教育當中接受徹底的國體觀念，而共產分子則以國體與共產主義兩立論，逐漸吸引他們。」

近衛文麿甚至斷定，高喊一億人同歸於盡的人讓國內陷入混亂之中，企圖發動革命。誠如猪木正道所言，關於近衛文麿將所有的行動都與共產主義連結的這一點，的確是一篇「光怪陸離的文章」，但想必是因為他說的沒錯。近衛上奏文強烈質疑如果敗戰將引發共產革命，到時候皇室難保安泰，即使這樣也無妨嗎？如果用更諷刺的話來說，近衛文麿想說的是，趁著共產革命尚未發生之前，應該盡早迎接終戰。

近衛上奏文是吉田茂所寫

在此提出昭和史的重要疑問。上奏文真的是近衛文麿寫的嗎？近衛文麿擁有如此的狀況認知嗎？這些都是疑問。據我所知，查證昭和史的人都一致認為「上奏文是吉田茂所寫」的看法更合理。追查事情的經過就可以知道。

二月十三日深夜，近衛文麿暗自造訪吉田茂位於東京永田町的宅邸。近衛文麿預計翌日與天皇會面。他前往與吉田茂商討上奏文的內容。吉田茂在戰後的回憶錄中寫道，自己完全贊同近衛文麿對於敗戰等於共產革命的認知。

「我完全贊成公（近衛文麿）的這些意見，我們努力修改內奏文，由我抄寫副本，我們一直談話到深夜。我抄寫副本是遵從公希望拿給牧野（伸顯）伯過目的意願，但作夢也沒想到被憲兵隊逮捕後，竟然成為證據之一。」

吉田茂寫得非常婉轉，但實際上撰寫上奏文的人是吉田茂，近衛文麿隔天早上醒來之後看到內容，表示贊同，這才是真實的樣貌（根據近衛文麿身邊的人所說）。也就是說，吉田茂藉由近衛上奏文逼迫天皇，希望天皇「接受敗戰」。我最直接的感想是，吉田茂透過共產主義的威脅，要求天皇給出一個直截了當的回答。

這篇上奏文遭到潛伏於吉田茂身邊的情報特務抄寫，陸軍首腦們都曾經過目。參謀總長梅津美治郎被天皇問道：「陸軍內部是不是有許多共產主義者？」而感到困惑。可見陸軍首腦們疑神疑鬼，不知道近衛文麿究竟對天皇說了什麼？吉田茂又在背後策劃了什麼戰略？憲兵隊於同年四月十五日，以散播謠言的罪名逮捕吉田茂，計畫藉此把可說是和平工作團體的「Johansen 集團」一網打盡。

吉田茂入獄的經驗

上述中野學校出身、以學生的身分潛伏於吉田家的情報特務，在筆記當中詳細寫下吉田茂在大磯遭到逮捕當日的情景。由於是憲兵隊策動的逮捕行動，因此特務並不知情。吉田茂從那一天起，直到五月二日為止，接受憲兵隊的調查。「你是不是計畫與美國進行和平工作？」「你是不是在太平洋戰爭開戰後，還繼續與前駐日大使格魯（Joseph Clark Grew）保持聯絡？」等，對吉田茂百般刁難。吉田茂全面否認各項指控，怒斥：「你們未免也太過穿鑿附會。」期間，外務大臣東鄉茂德和宮內省強烈質疑為何逮捕吉田茂，陸軍大臣阿南惟幾在閣僚會議中遭到抗議與孤立。吉田茂直到五月二十五日為止都被關在牢房裡，但最終因為沒有適當的罪名而被釋放。

潛伏於大磯吉田宅邸的特務在筆記中寫下看到「Johansen」突然回來，大吃一驚。

「(看到 Johansen)我的內心大吃一驚。我完全沒有收到任何的通知。(略)為何會被釋放呢?如果這麼快就獲得釋放,那麼我不就沒有必要過著這樣的生活嗎?我心有不甘。」他又寫道,他問吉田茂:「感想如何?」吉田茂笑著回答:「人的一生當中,進去一次看看也不錯。」

吉田茂入獄的經驗在GHQ佔領政策下成為他的勳章。「既然曾經如此反抗軍方,那麼必定站在我們這一邊。」因此獲得GHQ參謀二部的負責人威洛比(Charles Andrew Willoughby)的信任。

對軍閥的憎惡

昭和二十(一九四五)年八月十五日,大日本帝國透過玉音放送承認名為「大東亞戰爭」的戰爭以敗戰告終。沒有人知道吉田茂是以什麼樣的心情迎接這一天,但在十二日後的八月二十七日,在他寫給外務省四年晚輩來栖三郎的書簡中,詳細記述了他的心情。他以「這一天終於到來」開頭,之後又繼續寫道:

「此敗戰未必是壞事。(中略)因果循環,過去讓我嘗盡苦頭的憲兵,因為害怕被追究波茨坦宣言中所謂的戰爭責任,隱瞞虐待美國俘虜一事,近來更逃兵躲藏,醜態百出,其頭目東條英機潛伏在青梅的古寺裡。(保阪註記:在自己遭到逮捕,然後)

獲得釋放的當時，我內心其實也不是沒有默默地想過我們走著瞧，現在則有一種活該有今天的快感。」

來栖三郎想必是與吉田茂交心的朋友之一，吉田茂強烈憎惡以東條英機為首的軍閥。話雖如此，吉田茂不曾說出或表現出這樣的情感。他在寫給來栖三郎的書簡中表現出這樣的情緒，對他說今後我們表現的機會想必會增加，要他做好準備，耐心等待。

吉田茂將寫給來栖三郎的信抄寫了一份副本，悄悄地交給原田熊雄。可以推測吉田茂交代原田熊雄將這封信派發給近衛文麿等西園寺公望一派的人脈。戰後誕生的東久邇內閣的閣僚當中，就有多人曾經傳閱這封信。東久邇內閣包括司法相岩田宙造、藏相津島壽一、外相重光葵，以及雖然無官職但以國務相身分入閣的近衛文麿等，許多皆是對於軍部掌權時代懷有強烈不滿的文官。

從東久邇內閣時代到幣原喜重郎被任命為首相的昭和二十年九月至十月，以及直到十一月為止的三個月之間，至今為止對於軍部的蠻橫感到憤怒的文官們有所動作。這些動作的背後直接或間接可以看到吉田茂的身影，可說是具體實踐「活該有今天」的情感。在我與麻生和子談話時她也透露：「我認為戰後，他覺得他與他同志的時代來臨。」這也的確成為現實。

自主審判戰犯的構想

戰爭結束後一個月起的三個月，發生了重要的史實。波茨坦宣言第十條要求審判戰爭責任者，而日方評估希望自行審判戰爭責任者的方案。東久邇內閣是在九月十二日的閣僚會議上秘密提出這個方案。前一天的九月十一日，GHQ的憲兵前往位於東京用賀的東條英機宅邸，準備以戰爭犯罪人之名逮捕東條英機。東條試圖以手槍自盡（未遂）。

東久邇內閣向GHQ提出由日方逮捕戰犯嫌疑人的要求，希望GHQ不要出面。閣僚會議根據「由日方自行選出戰爭責任者的被告進行審判」、「在GHQ進行審判前先由日方審判，那麼根據一罪不二罰的原則，美方無法再度進行審判」的共識，進行討論。

重光葵和內大臣木戶幸一在日記裡概略寫下當天的內容。下面引用《木戶幸一日記（下）》中，有關九月十二日的部分記述。

「首相宮御參內於閣議中決定向聯合國提出由我國處罰戰爭犯罪人的要求，將此事上奏時，御上（天皇）詢問，敵方所謂的戰爭犯罪人，尤其是所謂的負責人，皆是過去一心效忠之人，不忍以天皇之名加以處置，是否有再考慮的餘地。」

東久邇宮稔彥於是再度與臣下商量，找來首相、外相、陸相、海相、司法相，以及近衛文麿，最後同意由外相和司法相等人提出「由日方審判」的積極意見，直接上奏天皇。天皇諒解這樣的意見，在一定範圍內表示認同。值得一提的是，關於這部分原委，根據執筆之人不同，呈現的語感稍有不同。

我從遺族手裡得到司法相岩田宙造的筆記，從中可以看出，站在岩田宙造的立場，這位在戰時遭到軍部打壓的律師，他的心情與吉田茂完全相同。岩田宙造勸說天皇道：「根據日本固有的風俗，如果佔領國要求交出戰犯，包括因果關係在內，君主將戰犯的首級交給敵方才是真正的武士道，也是體恤臣下的最善策。」（根據岩田宙造身邊之人的證詞）

真相是，在重光葵和岩田宙造的說服之下，天皇才答應自主審判戰犯的構想。

五日後，重光葵以「美國把自己當作戰犯嫌疑人」為由，提出辭呈，之後由吉田茂接任。吉田茂同時也受到東久邇宮稔彥和近衛文麿的推舉。然而，關於這一點還有許多不明之處。我認為是因為重光葵在戰時擔任外相，不宜在自主審判戰犯時名列內閣，重光葵為了將吉田茂推上檯面，因此才會辭職。

消失的「戰爭責任者審判法」

另一方面，GHQ總司令麥克阿瑟不斷提出民主化的指令，與東久邇宮稔彥本身的想法不合，他認為自己的內閣無法實施，於是在十月五日總辭。取而代之的是幣原喜重郎內閣。吉田茂和岩田宙造分別留任外相和司法相，文部相由前田多門、厚生相由蘆田均、內閣書記官長由次田大三郎等人就任，批判軍部的陣容更加堅強。

日方向GHQ傳達了自主審判戰犯的構想，但GHQ回答：「無法將我們認為的戰犯交給日方。」在吉田茂就任外相之後，這樣的形式更為明確。也就是說，這個構想的第一幕以失敗告終。然而事實上，自主審判戰犯的構想之後還有第二幕。第二幕展現於吉田茂、書記官長次田大三郎，以及一貫主張自行審判的岩田宙造等人的行動上。

尤其是次田大三郎，他得知第一幕遭到凍結，但他判斷美方的審判構想也沒有進展，於是決定再試一次。第二幕於十一月五日之後展開，準備制定具體的法案。被命名為「以安定民心、維護國家秩序、自主確立國民道義為目的的緊急敕令（案）」的法案共有十二條，主要著眼於審判日本的戰爭責任者。

第一條是「以處置、除去或消除擾亂國體之順逆，誤用天皇之輔翼，未能順隨其大和平精神，以主戰、侵略性的軍國主義指導或輔佐政治行政及國民之風潮（中略）挑撥誘發滿洲事變、支那事變，以及大東亞戰爭，破壞內外諸國民之生命財產，陷國體於危殆之人、設施、社會組織為目的。」

條文的內容也就是說滿洲事變之後，推進如此侵略政策的軍人、官僚、政治家等，等同是違法天皇命令之領導者，必須統一進行審判。

十一月八日，岩田宙造將法案交給次田大三郎與吉田茂一同評估，希望吉田茂以外相的身分說服天皇，自主審判戰犯。根據次田大三郎的說法，吉田茂表示：「如果在日本起訴並處分戰爭犯罪人，身為外務當局有利於談判。」

就吉田茂的立場而言，進行這樣的審判有利於與美國進行各項交涉。同時也是對於這個審判在第一幕遭到凍結表達不滿。吉田茂催促次田大三郎盡速通過這項法案。

追加說明，次田大三郎曾經下令法制局的官僚擬定條文，然而事情卻不順利。法制局的官僚認為戰犯審判由美方進行，很難找到由日方審判的法律依據。在這樣的法制局官僚之下，司法相岩田宙造認為，由自己身邊的人整理而成的條文很難直接成為立法府的法案，因此才採取敕令的形式。然而到了十一月，未受天皇授權的態勢逐漸明確。次田大三郎試圖向眾議院提出戰爭責任者審判法，但在十一月二十二日，經過與法制局的最終討論，接受無法制定如此法案的意見，法案從此不復見天日。

日方自主審判戰犯的構想到此為止。這個構想的相關文書沒有完成，在歷史上也僅是一個幻影。內務官僚次田大三郎和司法相岩田宙造，他們的日記或回憶錄中即使提及自主審判戰犯的構想，也完全沒有上述相關條文。我曾詢問編纂次田大三郎日記的刊行會相關人士和岩田宙造的遺族，但他們都說手邊沒有上述的條文資料。

為何會在牧野伸顯的手裡？

戰後經過四十餘年，某個研究者發現，這個條文以單張油印紙，被混在牧野伸顯的相關文書中。到處都找不到的條文，為何會在牧野伸顯的手裡？而且所有的史料都被燒毀或廢棄，為何會存在牧野伸顯的史料之中？這一點至今不明，也無從得知。

不用說，這十二條自主審判戰犯的法案是文官向讓國家陷入存亡危機的軍事指導者問責的內容。追究違反天皇之意推動戰爭的勢力或個人的責任，第二條寫道「符合左列條件者，依叛逆罪判處死刑或無期徒刑。」這裡所說的「符合左列條件者」可分為兩種類型：

其一是無天皇之命令，擅自動兵展開軍事行動，指揮侵略性行動，造成滿洲事變、支那事變、大東亞戰爭等不可避免的結果。

其二是違背明治十五（一八八二）年天皇向軍人下達之敕論，導致軍閥政治之情勢，破壞國體之真髓，以專橫政治或與之相當的政治行動，違逆天皇之和平精神，招致大東亞戰爭。

除此之外又規定，協助軍閥之政治家或評論家等，處以「無期或十年以下有期徒刑」。如果這項法案於昭和二十（一九四五）年九月至十一月之間成立，在與東京審判不同的日本人自主法庭進行審判，不知道結果會如何？日本國內是否會引發內亂？

我在國會圖書館憲政資料室看到這張油印的法案時，心情有些激動。如果實施了這項法案，那麼日本是否會被記錄成是擁有與其他國家不同戰爭觀的國民，予人不同的印象呢？

這個法案為何會在牧野伸顯手裡？接下來是我的推測。想必是吉田茂毫不猶豫地送到岳父牧野伸顯手中。是誰印了這些條文？依我之見，最終是由司法相岩田宙造、次田大三郎，以及吉田茂進行修改與整理。當中還有尚未充分條文化之處，但姑且還是先印了出來。

拿著印出來的條文向天皇報告，想必是由過去曾是天皇親信的牧野伸顯負責。或者是外相吉田茂將條文印出來拿給岳父看，希望聽聽他的意見。我強烈認為從十二項條文到處都充滿吉田茂的思想可以看出，這個法案是以吉田茂為中心擬定。

對憲法修正論感到不悅

吉田茂於昭和二十九（一九五四）年十二月七日從首相之位退下。下台之後，只要有人提到修正憲法的話題，他都會立刻變臉。上述的辰巳榮一是吉田茂唯一信任的人，他在吉田茂擔任首相時期，出任防衛問題的顧問。他曾經問過吉田茂，為了承認自衛隊，是否有必要修正憲法。當時是昭和三十多年，吉田茂剛從首相之位退下不久。

辰巳榮一說吉田茂如此回答他：

「吉田先生臉色一變，用嚴肅的語氣反駁我。既然已經確定憲法為國家之基本法，就不應該經過五年或十年就輕易修改。我清楚吉田先生的性格，知道憲法修正是他的禁忌，之後就再也沒有提起。」

麻生和子在與我的訪談當中，也承認辰巳榮一的這一段話。比起軍事，吉田茂對於日本的軍人教育和接受此種教育的軍人抱持批判的態度，他其實是現今憲法制定當時的首相。因此，在他退下首相之位後，對於提及憲法修正的人依舊展現強烈的怒氣。

我並不是說吉田茂不是再軍備（譯註：重新武裝）論者或憲法修正論者。吉田茂過去曾經是外交官，他的政治態度是以軍事為背景，試圖提高發言的力道。然而，我認為他是根據以下兩個理由，不允許修正憲法。第一個理由是如前所述，現在的憲法是在他的時代制定，他對此感到自負。在角力是否承認天皇制時，憲法確立了天皇的存在，這是他最大的驕傲。吉田茂認為現在的憲法是保護天皇不受反對天皇制的戰勝國和論者影響的最後一道防線。

吉田茂對於繼任首相的鳩山一郎以憲法修正為口號，成功回歸政壇一事感到強烈的憤怒。第二個理由就是護憲派吉田茂與改憲派鳩山一郎對抗的意識。

事實上，根據這兩個理由，吉田茂建構了獨有的護憲理論。關於護憲或改憲，至今為止我們僅僅單純地以為革新派是護憲派、保守派是改憲派，以如此草率的方式，討論護憲或改憲。然而現實中，參與制定憲法的政治家和研究者，以及天皇身邊的親信們，想要用不同的角度讓國民從之後遭到社會黨和共產黨掌權的護憲派中覺醒。吉田茂可說考慮到在具體運用承認天皇制的憲法時，應該走上的常道。

加入天皇相關條文而安心

吉田茂在幣原喜重郎內閣之後繼任，於昭和二十一（一九四六）年五月至二十二年五月的一年，建立了以自己為首的內閣。在鳩山一郎遭到GHQ宣告「公職追放（譯註：不得擔任公職）」後，自由黨由吉田茂繼承。由於自由黨是未過半的第一大黨，因此無法單獨掌握政權。為此，吉田茂原本打算與社會黨一起建立舉國一致的內閣。然而，這個提案遭到社會黨拒絕，於是改與進步黨聯合組閣。

事實上，吉田茂第一次組閣的這一年，正是從大日本帝國轉變為日本國的一年。我認為吉田茂設定了四個課題，分別是「克服糧食危機」、「根據GHQ的指示進行民主改革」、「改變勞工運動」，以及「修正憲法」。

吉田茂可說是正面迎擊這些政治改革。他根據自己的想法逐漸改變情勢，當中又尤其認真推動「修正憲法」，展現希望在自己這一代創建新憲法的強烈決心。

下面俯瞰昭和二十一（一九四六）年五月，吉田茂擔任首相之前的憲法修正。

在幣原內閣之下，以國務相松本烝治為中心，推動憲法修正案。松本委員會準備以略微修改大日本帝國憲法的甲案和乙案與GHQ交涉。然而，GHQ內部認為兩案皆不符合民主的聲音強烈。尤其是麥克阿瑟受到本國政府的要求，必須建立民主主義憲法，因此不接受日方的提案。

麥克阿瑟下令將校，必須將視天皇為象徵、放棄戰爭不持有武力、廢止封建制度的三個條件列入方案之中。新的方案於二月上旬完成。

GHQ民政局長惠特尼（Courtney Whitney）將這個方案交給吉田茂和松本烝治。這是發生在二月十三日的事情。當初，吉田茂愈讀愈感到憤怒，但他的憤怒無法傳達，也就是接受了這個提案。

吉田茂當時身為內閣成員，感到相當不滿，即使如此，最終還是朝著這個方向推動。綜合日方的方案和GHQ的方案，擬定新的憲法修正案。三月四日至五日整理出「憲法修正草案要綱」。有人在後來的回憶錄中寫道，包括吉田茂在內的所有閣僚，都對憲法承認天皇存在這一點感到安心。

最仰仗的金森德次郎

「憲法修正草案要綱」於三月五日獲得天皇認可。天皇直率地表示喜悅，甚至透露希望盡早進行國會審議的意向。

由於遠東委員會有權對日本佔領表示意見，批判日本天皇制的國家有可能提出異議，因此幣原喜重郎和吉田茂非常焦急，希望盡早落實「憲法修正草案要綱」。包括吉田茂在內的政治家應付各種情況，好不容易才擬定出現在的憲法案，因此之後在聽到憲法修正論者毀謗這是佔領憲法時，他們反射性地激動反駁。他們的政治姿態和背景與社會黨所主張的護憲派不同。

上述的新憲法草案全文於三月六日公開，也就是現在的日本憲法（當然，國會審議時修改了部分內容）。當時的新聞報導憲法包含「主權在民」、「放棄戰爭」等，如實地將內容呈現在國民眼前。當中最具代表性的是金森德次郎的意見。

根據國立公文書館發行的《誕生　日本國憲法》，引用內容如下：

「關於是否需要修正、是否有必要急速修正，在對立意見交錯中，於戰前岡田啓介內閣擔任法制局長官、因天皇機關說事件下台的金森德次郎，於三月九日的《朝日新聞》發表社論。金森德次郎評價政府的憲法修正草案要綱具有『劃時代』意義，又說『賦予經過大戰的我們真正反省的機會和正視的能力。藉此機會必須發揚清明之心，果斷地論結現狀』，展現認為有必要以政府的方案為基礎進行討論的立場。」

看到這篇社論的吉田茂立刻聯絡金森德次郎，在自己的內閣之中設立專門針對憲法問題的國務大臣一職，仰仗金森德次郎的知識。而金森德次郎回答來自政府的各種質詢，全力投入憲法之制定。

「十一月三日」公布所代表的意義

吉田茂仰仗金森德次郎，兩人攜手合作，將憲法修正草案制定成現實的憲法。從中可以看出，吉田茂為制定憲法賭上了自己的政治生命。

我認為，那些無視吉田茂和金森德次郎努力，批判這是「佔領憲法」、「強加於人的憲法」的人只看到表象，凸顯出批判者的無知。吉田茂一看到《朝日新聞》的社論就立刻與金森德次郎接觸，請他出任國務大臣，這也是我們必須重新認清的史實。

新憲法草案首先在樞密院進行審議，六月八日通過。接下來送交帝國議會。六月二十五日，吉田內閣進行提案說明，接著由帝國憲法修正案委員會提出質詢。約九十日後的十月七日進行表決，贊成三十二票，反對五票，草案通過。順道一提，投下反對票的是共產黨員。十月二十九日，天皇出席樞密院，再度表示贊成修正法。根據通過的草案，樞密院遭到廢除。之後，政府於十一月三日公布，翌二十二年五月三日起實施。

值得注意的是公布日期——十一月三日。在大日本帝國時代，這一天是明治節（明治天皇的生日）。吉田茂考慮到天皇曾說：「日本的民主主義見於明治天皇發表的『五條御誓文』（同年一月一日發表的人間宣言）」，因此才選擇在與明治天皇相關的這一天公布。GHQ的將校之中也有人認為選擇在十一月三日公布新憲法不合宜，但最終是吉田茂直接說服了麥克阿瑟。

吉田茂完全不曾提及歷史上的這一切，但想必他是希望將新憲法之下的新日本，帶回明治維新之後日本所走的道路。吉田茂在他的回憶錄（《回想十年》）當中曾說，自滿洲事變起至「大東亞戰爭終結」為止，日本完全變了調，因此於「十一月三日公布」正代表希望回到正調的意思。

補充說明，在帝國會議上的憲法議論中，吉田茂最強調的是天皇的地位。又根據主權在民、尊重基本人權、確立民主政治以及放棄戰爭，說明這部憲法的特徵。關於第九條的放棄戰爭，吉田茂未進行詳細的答辯。並非否定自衛權，而是否定以自衛之名進行的戰爭，他的答辯沒有超出這個範圍。

他似乎認為，若要在法律上議論這個問題，那麼理論就會變得無限複雜。關於這一點，他在《回想十年》當中的說明淺顯易懂。

「今日對於我國的懷疑都是認為日本是好戰的國家，不知道什麼時候會發動復仇戰，威脅世界和平，這是世界對於日本最大的疑慮。我們今日的首要之務就是要糾正這樣的誤解。」

也就是說，吉田茂默認這部憲法包含不擁有「戰間期（譯註：第一次世界大戰結束到第二次世界大戰爆發的期間）思想」的哲理。所謂「戰間期思想」是指在戰爭中失去的東西，要用戰爭討回來的想法，具體而言是第一次世界大戰結束的一九一八年起，至第二次世界大戰開始的一九三九年止，二十一年間的納粹思想。

我根據與麻生和子的訪談，了解吉田茂的全貌，我想強調的是，我是從歷史的觀點得出結論。

朝鮮的非武裝案

昭和二十年代，日本由於在太平洋戰爭中戰敗，遭到以美國為中心的聯合國佔領和壓制，喪失了國家主權。必須特別提及，吉田茂首相在六年八個月間，持續巧妙地與美國方面交涉，下面舉出例子說明。

《大英百科全書》一九六七年版的附錄年鑑，在卷頭刊登了吉田茂的長篇論文〈決定日本的一百年〉（日本を決定した百年）。當中提及佔領後期，他與美國總統特使約翰．福斯特．杜勒斯（John Foster Dulles）進行和平條約交涉的過程。

「和平條約（譯註：日本稱作講和條約）的架構大約在杜勒斯特使第二次（保阪註記：昭和二十六〔一九五一〕年一月）來日時完成。除了就日本安全保障達成合意外，還同意包括和平條約不會將佔領中的改革恆久化，且為了不造成日本外幣負擔，賠償以實物賠償為原則，以及不再對戰犯進行新的訴訟，且敞開赦免或減輕遭判決戰犯刑責的道路。」

也就是說，杜勒斯約定以對日本而言較溫和的條件說服各國。面對多數戰勝國對待日本的強硬態度，吉田茂認清日本身處的現實環境，想盡辦法與杜勒斯達成共識。在此半年（昭和二十五年六月）之前爆發韓戰，東西冷戰發展成軍事衝突。和平條約的方案也反映出這場軍事衝突。吉田茂預期美方不僅會要求日本重新武裝並答應美軍駐留日本基地，也會進一步要求日本給予軍事協助。也就是說，吉田茂雖然認為「戰敗國日本的首要之務是經濟復興」，但也同時預測美方會提出軍事方面的要求並希望日本以某種形式參與韓戰，他有可能是在這樣的情況之下著手制定和平條約的條文。

吉田茂為了思考和談問題，私底下秘密召集懇談會。成員包括有田八郎（前外相）、小泉信三（前慶應義塾塾長）、馬場恒吾（記者）等九人，他們皆是自由派，對軍事路線抱持消極的態度。比起政治家，吉田茂更仰賴這些成員。吉田茂與成員們商議「是否應該現在向美國提議朝鮮的非武裝化？」想必他認為立刻結束韓戰有利於日本的國家利益，但這樣的提案沒有得到成員們的贊同。他們認為，現實中戰爭持續進行，不太可能實現非武裝化。事實上也的確如此，吉田茂的提議太過異想天開。

「不希望在北太平洋發動戰爭」

吉田茂即使無法獲得身邊成員的贊同，他依舊不放棄。他於是找來外務省的西村熊雄，對他下達以下的命令：

「擬定以日本和朝鮮的非武裝、撤離一定地區的空軍基地，以及縮小西太平洋的海軍兵力為架構的方案。」

西村熊雄曾經寫下，當他聽到這個構想的時候，覺得擬定這個對當時的日本而言太過大膽的方案是一件非常困難的事。即使如此，他還是拜訪研究第一次世界大戰後《凡爾賽條約》和國際法的學者，想盡辦法擬定方案。事實上不僅是這一個方案，吉田茂總共要求外務省擬定四個方案，被稱為A工作、B工作、C工作、D工作，一般又稱A案、B案、C案、D案。這些印刷出來的方案現在應該也保存在外交史料館中（我是在二十多年前確認）。日本與朝鮮非武裝方案是通稱的C案。下面介紹C案的前言：

「今日世界上沒有比與彼此和其他所有國家及政府和平共存更普遍的願望。為了實現這個願望，國際的和平與安全必須遵照聯合國憲章，由聯合國維持並促進。」

這個C方案的標題是「為強化北太平洋地區和平與安全的提案——一九五〇年十二月二十八日向大臣提出」。也就是說，這是在杜勒斯第二次來日前夕整理出來的方案。當中還列舉出了四項「具體措施」。第一項是「為促進北太平洋地區的和平與安全，日本依照憲法規定，維持現行的非武裝。」並認為朝鮮也應該跟進，而主要國家（美國、蘇聯）等必須保障其中立。

A案、B案、D案的主要架構都是提出雖然日本作為美國的同盟國無法重新武裝，但可以提供基地，因此C案對於吉田茂而言可說是「撒手鐧」。如果用簡單易懂的話解釋，或許可以這麼說：

「你們要求各項軍備，既然你們提出現在的日本無法做到的要求，那麼我們希望整個北太平洋都變成非武裝地區。因此，不希望你們在這個地方發動戰爭。」

我認為，面對美方對於和平條約的強勢態度和軍事方面的要求，吉田茂或許認為既然如此乾脆豁出去。

「說到底，所謂的波茨坦宣言不就是要求日本非武裝。我們現在依照你們的想法實行，沒有任何不妥，不妥的是你們吧。」

如果吉田茂在杜勒斯面前採取這種破釜沉舟的態度，戰後的日美關係或許會改變。不，這麼做可能會激怒杜勒斯，他一氣之下回到美國，或許會讓和平條約的制定變得更困難，對聯合國各國向日本提出的賠償要求置之不理，不願幫忙說服各國。

幾乎不相信任何議員

吉田茂在上述大英百科的論文當中寫道：「相關國家中，有些國家強烈要求日本賠償，有些國家主張要將日本的軍備限制加入和平條約的規定之中，另外也有像大英國協這般，要求限制日本經濟能力的國家。」面對這些國家，「杜勒斯說服這些意見，為『和解與信任的和平』持續努力。」從他的話當中可以看出，吉田茂認為和平條約方案最終朝著自己思考的方向整合。

寫到這裡不難發現，包括和平條約方案在內，吉田茂都是根據一己之見推動與美國的交涉。會這麼說是因為吉田茂沒有與內閣的任何人，或其他任何政治家商量。他商量的對象是上述的有田八郎、小泉信三、馬場恒吾，以及橫田喜三郎（國際法學者）、向井忠晴（實業家）等吉田茂信任的知識分子。

研究吉田政治，或是看到吉田茂被評為獨裁的政治手法，會發現他幾乎不相信立法府裡的任何一位議員。的確，後半出現所謂的「吉田學校」，池田勇人和佐藤榮作等被認為是他的弟子，吉田茂並沒有站在對等的立場看待他們，而是把他們當作自己的學生。

說到吉田茂信賴的自由黨代議士，立刻會浮現益谷秀次、林讓治等人的名字。然而，即使吉田茂對這些保守政治家在國內問題方面擁有一定程度的信任，但在外交交涉等問題方面，他們無法成為吉田茂的商量對象。

包括當時的各種狀況在內，我詢問麻生和子：「吉田先生是否不太信任自由黨的代議士呢？是否因為議會人在戰前對軍部言聽計從，所以他才心生疑慮？」

麻生和子舉出幾位代議士的名字，說他們忠勤的外表下藏著私心。她的坦白讓我大吃一驚。此外，雖然說法委婉，但她「在擬定和平條約時，他仰仗的都是外務省的後輩」的說法，想必代表吉田茂認為即使與政治家商量，也幾乎沒有人擁有與國家利益相關的交涉經驗。

研究外交史和近代史的學者之中，有人提出「吉田茂當時應該貫徹C案」的論調。從歷史的觀點來看或許如此，但吉田茂最終沒有提出C案。這是因為二月七日，在與杜勒斯的第三次交涉中首先提出B案，之後幾乎就朝著這個方向達成合意。日本不擁有防衛能力，採取依附聯合國的形式，而B案是將聯合國應扮演的角色改由美國扮演。然而也有其他意見，例如前關西學院大教授豊下楢彥認為，美國的主要目的是使用基地，要求日本重新武裝只是附隨的條件。如果針對主要目的進行交涉，那麼或許非武裝（也就是C案）有機會通過。

與麥克阿瑟的熱線

關於這一點現在已經無法查證，有可能破釜沉舟以「日本的非武裝」與美國交涉，這是歷史的教訓。接下來也是我的推測。吉田茂擬定這個方案的時間是昭和二十五（一九五〇）年十月或十一月，當時正爆發韓戰，聯合軍無法充分應付北朝鮮軍和中國軍的攻擊，軍事方面陷入膠著狀態。如英國的外相貝文（Ernest Bevin），有些領袖主張為了盡早終結戰爭，應該沿著中國和朝鮮的國境，設置非武裝地帶。

沒想到吉田茂的提案竟然是以這樣的形式實現。若吉田茂將C案當作是向美國提出的方案與和平條約的原案，一旦公開，想必會震驚國際社會。日本超越美國的範圍，成為擁有中立立場的國家，提升發言權，如此一來想必吉田茂身為國家領袖，必會得到相對應的評價。當然，這個方案與吉田茂本身的政治思想大相逕庭。吉田茂真正的思想是認為日本應該與英美聯手，不惜與共產主義諸國對立，他其實非常厭惡中立的立場。

雖然他的立場如此，但思考以C案作為「與美國對抗最終方案」，可見他是一位手段高明的政治家。

值得一提的是，吉田茂在與杜勒斯會談後拜訪麥克阿瑟，向他說明日方對於和平條約的見解。這是因為吉田茂知道，美國杜魯門總統和杜勒斯的路線與麥克阿瑟之間沒有充分溝通，且在政治上對立。見縫插針是他的戰略。曾經以外交官身分停留在日本的前國務省日本課長理查德．B．菲恩（Richard B. Finn），在他的著作《麥克阿瑟與吉田茂》當中寫道：「這個時候，據說吉田茂幾乎就像好友一般仰賴麥克阿瑟。即使吉田茂的意圖與美國的政策對立，麥克阿瑟也表示理解。」據說兩人之間有熱線。

麻生和子指出，「他與麥克阿瑟投契，對於日本而言是一件幸運的事。」或許背後有一些只有秘書才知道的史實。

「戰爭清算」的會議

和談會議在昭和二十六（一九五一）年九月四日起至八日為止，於舊金山歌劇院召開。正確來說是「簽訂對日和平條約的會議」，也就是解體過去的大日本帝國，新日本國重新出發的「戰爭清算」會議。對於日本而言，這場會議也可說是繼明治維新之後的第二次開國。

一般的國際會議，參加國（這場會議共有五十二國參加）幾乎都是以不預設立場的白紙狀態出席，經過反覆商議，最終達成某種結論。然而，這場會議的所有內容在事前就已經確定，議事根據決定好的內容進行。也就是說，以美國為中心制定和平條約，在會議上提交給事前已經取得同意的參加國，可說是一場承認和平條約的儀式。

話雖如此，當時正值東西冷戰期間，事前並未能獲得蘇聯、波蘭、捷克斯洛伐克等國家對於和平條約的同意，預想這些國家有可能在議場上提出反對討論或決議案。

在六十七年後的今天重新回顧這一場會議，可以看出對於日本而言，這是在議場上向世界展現新生日本決心的機會。吉田茂正是當時的主角。補充說明，五十二個參加國包括與日本宣戰的國家，或是日本單方面侵略造成傷害的國家，可見當時的戰爭日本是與世界為敵。此外還有印度、緬甸、中國、韓國等未參加會議的國家，在第二次世界大戰中的太平洋戰爭，日本等於是與六十多國戰鬥。

日本必須在遭受白眼的國際社會中，慢慢地恢復信用。正因如此，吉田茂督促各黨派參與，組成超越黨派的全權團。社會黨也加入全權團，總算有個樣子。

全權團的主要成員包括擔任首席全權的吉田茂、全權委員星島二郎（自由黨）、苫米地義三（國民民主黨）、德川宗敬（綠風會）、池田勇人（大藏大臣）、一萬田尚登（日銀總裁），此外還有由國會派遣的十二位全權代理團。吉田茂的女兒麻生和子也以秘書的身分隨行。根據當時報導的照片，麻生和子穿著和服，與吉田茂一同出席招待會，從旁協助，介紹新生日本的面貌。海外的媒體也從友善的角度報導。

在我採訪麻生和子的時候，她表示從當時的國際輿論可以感受到這場會議讓世界逐漸朝著原諒日本是戰爭加害國的方向前進。由於她的英文流利，再加上是基督徒，外國記者在報導她的發言時，抱持的也是友善的態度。

謝罪的態度獲得信任

會議從九月四日開始，美國杜魯門總統呼籲與會國家：「今後放下仇恨，不分勝者或敗者，一起成為和平的協力者。」美國國務卿艾奇遜（Dean Gooderham Acheson）擔任議長推進議事，蘇聯代表葛羅米柯在一開始就對和平條約提出修正案。葛羅米柯（Andrei Gromyko）在演說中以尖銳的語氣表示，這個和平條約由英美主導，完全沒有反映出其他戰勝國的意思。甚至說這麼下去有可能成為新戰爭的導火線。又在講壇上強調中華人民共和國沒有參加這場會議也是一件奇怪的事。葛羅米柯陸續提出修正案，但都以例如四十八對三的懸殊比數遭到否決。

當時，美國社會已經有電視，杜魯門總統和葛羅米柯的演說隨著電波傳播，電視為國際社會的動靜帶來即時性。也正因為如此，外交方面也必須加入「視覺」的元素。第一天會議結束後，吉田茂隨著國務卿艾奇遜和特使杜勒斯拜訪各國，約定日本將會遵守和平條約，因此希望獲得各國同意，這樣的畫面也透過電視播送。

前述菲恩的著作《麥克阿瑟與吉田茂》當中的記述如下：

「脫離殖民地統治的亞洲諸國中，菲律賓和印度被認為掌握會議成功與否的關鍵。巴基斯坦和錫蘭也對賠償感到不滿，而澳洲、荷蘭、挪威則是對戰俘的補償、漁業權和捕鯨權持有其他的不滿。」

吉田茂分別拜訪這些國家，表示日本今後希望建立新關係，一一加以說服。這些國家雖然在議場上反覆批判日本，但仍與美國同調，對日本展現一定程度的信任。整體而言雖然氣氛凝重，但日本全權團展現出的謝罪態度，可說獲得相當的信任。

相當於會議第四天的九月七日晚間，在各國的演說結束後，吉田茂登上講壇，發誓將會遵守和平條約。原本吉田茂計畫以英語發表演說。然而，杜勒斯建議他用自己國家的語言發言。實際上，吉田茂事先已經將演說的草稿讓美方過目，據說杜勒斯以高壓的態度指出幾個希望他修正的地方。吉田茂接受他的建議，面對和平會議之前遊說各國、為日本取得有利條件的杜勒斯，這也是理所當然之事。

「和平共存的喜悅」

吉田茂在演說開頭首先說道：「日本過去企圖以武力壓制的所有野心和所有錯誤的欲望，讓各國的人們嘗盡苦頭。這些受苦的人們當中，也包括日本的國民。」之後又說：「日本國民現在為能夠與亞洲諸國和全世界的人們和平共存，感到喜悅。」

他的語氣堅定，會場首度響起巨大的掌聲。「日本國民也是軍閥的犧牲者，但現在從戰爭中獲得解放，深知和平的重要。」他的演說內容，展現了日本重新出發的決心。

吉田茂繼續提及領土問題、賠償，以及將日本人從外地撤回的問題。領土問題和撤回日本人的問題皆針對蘇聯，關於領土問題，他的說法如下：

「關於領土問題，奄美大島、琉球諸島、小笠原群島以及其他聯合國託管下的諸島，英美全權發言表示主權留給日本，對此感到喜悅與諒承。期待這些領土早日回到日本國的行政之下。至於蘇聯主張千島列島、南樺太地區是遭到日本侵略奪取，對此無法聽從。這些是在日本投降後的一九四五年九月二十日，遭到蘇聯單方面接管，色丹島、齒舞諸島也依然遭到蘇聯軍佔領。」

吉田茂在演說中暗指蘇聯違反中立條約，但用詞上沒有使用千島列島整體遭到蘇聯不法佔領的說法。這部分想必是考慮到美方的立場。同時，吉田茂又說和平條約是「公正且寬大，獲得我國國民壓倒性的支持。」不忘對美方表示謝意。吉田茂不僅展現傑出的外交姿態，此舉也為日本國內「片面講和」或「全面講和」（譯註：當時日本的知識分子大多支持與所有國家講和的「全面講和」，但此舉困難且耗時，因此吉田茂等務實主義者主張與以美國為首的自由陣營講和，也就是「單獨講和」或「片面講和」）的爭議劃上休止符。

吉田茂發表演說的隔日，日本與各國舉行簽訂儀式，四十九個國家接受和平條約，進行簽訂。上述包含蘇聯在內的三個國家拒簽。簽訂儀式於九月八日上午十一時四十四分完成。

之後在午餐席上，據說吉田茂向隨訪的全權團成員表示：「日本在舊金山會議上雖然是戰敗國，但表現優於三十二年前以戰勝國之姿參加的凡爾賽會議。吉田茂對於各國在舊金山會議上對日本代表團釋出的善意感到訝異，不禁想起年輕時作為代表團的一員，出席巴黎和會時，各國對日本展現的批判態度。」（出自菲恩的《麥克阿瑟與吉田茂》）

吉田茂雖然沒有在自述當中記下這段故事，但想必這是他最真實的感想。

單純非戰思想的濃縮

順道一提，根據麻生和子的證詞，她不記得吉田茂曾與隨行的代表團說過以上這些話。然而，她也補充說明，這個和談會議的確如吉田茂所言是超越黨派，且美國社會也給予溫暖的對待。

我是在平成二（一九九〇）年與麻生和子見面，當時她說：「我習慣每年去一次美國或英國，一直待在這個國家會讓我窒息。」這段話讓我印象深刻。我認為當時的記憶或許也是讓她這麼做的動機之一。

在簽訂儀式結束的當天傍晚，吉田茂單獨前往舊金山的第六軍司令部，簽訂美日安保條約。美國政府的代表包括艾奇遜和杜勒斯，以及作為議會代表的兩位上議院議員，而日方代表只有吉田茂一人。美日安保條約是日本向美方提供基地等承認美軍特權地位的美日行政協定，追認佔領期的內容。就吉田茂而言，他擔心這樣的內容會招來「即使獨立，但實質上與佔領期相同」的批判。

「這個安保條約將來總有一天會出問題。」

吉田茂如此認為，因此希望避免全權團的人為此負責。關於這一點，可以說吉田茂擁有政治上的度量。

九月十四日，吉田茂回到日本，發表政府聲明。其中一段的意義最為重大。

「國民除了必須團結一致履行和平條約，更要貫徹民主自由主義，加深與列國的理解，致力於世界的和平、文化、繁榮，注意不違背列國的期待，相信如此有助於新日本之重建。」

和平條約於簽訂後八個月的昭和二十七（一九五二）年四月二十八日生效。日本藉由此和平條約進行戰爭的清算，回歸國際社會。即使我們的國家並非被加諸永遠遵守此條約的義務，但可以說是有條件地第二次開國。和平條約共二十七條，其中的第十一條如下：

「日本國接受遠東國際軍事法庭，以及日本國內和國外其他盟國戰爭罪犯法庭之裁決，且對拘禁於日本國之日本國民，執行上述法庭之判刑（以下略）。」

接受東京審判成為了前提。原本也有不能如實接受量刑的主張，但這也不過是在逃避現實。吉田茂於佔領期站在領袖的立場，經常提出「輸得乾脆」的說法，可說是為了制止那些逃避現實的想法。

至和平條約生效為止，日本佔領期長達六年八個月。期間日本雖然遭到佔領，但也是放棄軍事主導體制，邁向民主主義體制的時期。

安倍首相和他的同路人經常使用「跳脫戰後政權（regime）」的說法（譯註：安倍首相對保守主義和進步主義作出的批判），這不僅是在譏諷以吉田茂為主的前輩，更是一種侮辱。

用法國大革命時的「regime」等用語談論「戰後」未免太過沉重。自江戶時期起就存在於日本人根基的單純非戰思想在「戰後」更加顯現出來，我們絕對不能忘記這一段歷史。

研究吉田茂下台的時機

吉田茂最終於昭和二十九（一九五四）年十二月七日從首相之位退下，在任長達六年二個月。之前他也曾擔任大約一年的首相，因此總計七年以上。

這樣的吉田茂也到了該下台的時候。離開權力之位，對他來說似乎是一件非常痛苦與悲傷的事。在他退任的時候也充分表現出這一點。

對於吉田茂而言，同年的十二月六日至七日，是他備感寂寥的兩天。這兩天就連吉田茂身邊的人也逼迫吉田茂下台。例如吉田茂非常信任的副總理緒方竹虎和他引以為傲的弟子池田勇人、大野伴睦、水田三喜男等自由黨的三大幹部，都催促吉田茂下台。從吉田茂最後的身影可以看出，權力如何改變一個人的心理。吉田茂在《回想十年》當中寫道，這些政治家是跟據以下的理由，所以才說國民對他有所批判。他認為：「部分政治家受到政權欲望的驅使，想要利用政治傷害我，他們想必知道所有內情，但卻誇張扭曲，加以利用。」受到謊言的控制。

權力令人害怕的就是這種心理。吉田茂完全不知道國民對他的憤怒與不信任。在這關鍵的兩天之前，他甚至表示，把批判自己的聲音視為英雄，這會讓日本的民主主義社會失去向上的機會。對於他的發言，報紙批判這是「吉田獨裁政權的掙扎」。吉田茂的時代到此結束。

回首事情演變的過程，可以發現「首相與輿論的關係」和「首相與親信的關係」等不同的論點。我在採訪麻生和子的時候，從她的話中得到許多提示。

根據麻生和子的說法，吉田茂在和平條約生效後，強烈感覺自己已經達成歷史的使命。他同時也認為之後的日本社會要誠實地走上與國際社會約定的道路（包括與共產主義對抗），而他必須目睹這一切。我感覺麻生和子和她的丈夫麻生太賀吉（自由黨代議士）對於那些在吉田茂權勢鼎盛時期阿諛奉承、效忠追隨，但在權勢下滑後有如變臉般立刻轉向批判的政客們感到憤怒。

政治人氣急墜

當然，指的不是緒方竹虎和池田勇人等親信。若是要說，我認為應該是廣川弘禪等人（實際上在最後的階段，吉田茂罷免了廣川弘禪）。對於政治家而言，「同志」是最困難的關係。

回到十二月六日和七日。昭和二十八、二十九（一九五三、五四）年的吉田政治晚年，他受到來自「三個方向」（拙作《吉田茂的反論》〔吉田茂という逆説〕）的壓力。第一是來自保守勢力的攻擊。尤其是自從岸信介從巢鴨監獄出獄，「公職追放」獲得解除，回歸政壇後，呼籲除了吉田茂之外的保守勢力集結。呼應的勢力出乎意料地廣泛，這是對長期政權倦怠的表現；第二是企圖強化軍事力量，與社會黨之間產生龜裂；第三則是動搖保守勢力的造船醜聞事件（譯註：造船業界遊說團向吉田茂的親信佐藤榮作等人行賄，希望通過讓造船業者在融資時得到利息減免的法案。）發生於昭和二十九年一月的這起事件，檢察官約談了幹事長佐藤榮作和政調會長池田勇人，檢察廳甚至申請佐藤榮作的逮捕令。

吉田茂下令法相犬養健發動指揮權（檢察廳法第十四條），拒絕逮捕。犬養健之後提出辭呈，與吉田茂保持距離。貪污事件中展現的強權態度，使得對執政黨自由黨的不信任度上升。根據《朝日新聞》的調查，內閣支持率掉到了百分之二十三。說吉田茂的壞話成了政治諷刺，甚至出現「吉田茂是足以與東條英機匹敵的法西斯」的聲音。

屬於保守黨的改進黨，一開始就展現對吉田茂的敵對情感。進入昭和二十九年後，自由黨的副總裁緒方推動與改進黨的保守勢力合併。然而，改進黨逐漸展現出「排除吉田茂」的態度。改進黨的長老大麻唯男，主張黨首不應該是吉田茂，希望由鳩山一郎擔任。

另一方面，自由黨當中被認為是政策通的石橋湛山也開始朝著這個方向摸索。對於吉田茂而言最大的衝擊莫過於自由黨的代議士在回到各自選區進行國會報告時，都提出希望「吉田首相不要來」的要求。吉田茂的政治人氣迅速滑落。

國會閉會之後的九月二十六日起至十一月十四日止的五十天，吉田茂出發訪問歐洲的七個國家。幹事長佐藤榮作也一同前往。吉田茂不理會身邊的人擔心此舉會讓輿論認為他在包庇佐藤榮作。訪問的國家包括加拿大、法國、西德、義大利、梵蒂岡、英國、美國，主要目的在於表明和平條約生效後，日本在國際關係上的立場。同時他也有意讓內外承認他是西方陣營的領袖之一。想必他也希望藉此緩和國內的批判聲浪。

與鳩山一郎對立

實際上，吉田茂在西德時，一天之內與艾德諾（Konrad Adenauer）首相見面四次，加深「傳統的友好關係」，在經濟互助方面達成協議。在英國的時候也與伊莉莎白女王會面，與邱吉爾首相進行友好對話。

出訪行程進展順利。然而，國內政治的問題卻不是這麼簡單就能解決。與改進黨的合併確實進行，而推舉鳩山一郎為新總裁的動向明確。包含這些勢力在內，有人認為吉田茂想必回國後就會辭職，也有人認為趁著吉田茂出訪創建保守新黨太不厚道，因此暫時冷卻成為國內政局的主要意見。關於這一點，吉田茂的策略可謂成功。

然而，打破這個情況的人正是吉田茂自己。十月十七日，《朝日新聞》的隨行記者在巴黎單獨採訪吉田茂。他在訪問中的發言如下。《朝日新聞》的記者提問：「鳩山先生似乎終於要組織反吉田新黨，吉田禪讓給鳩山的路線似乎愈來愈薄弱……」吉田茂回答道：「似乎如此。讓與不讓，這個問題本身就是錯的。這是公私不分的說法。公是公，私是私。假設我讓給鳩山，我與鳩山之間也許就沒事了，但百年後，歷史會說吉田茂做了對不起國家的事。或許會如此。我跟鳩山說過了，確實說過了，讓他養好身體再來……。我說，對你而言，現在最重要的是養好身體。我確實跟他說了這是第一要務（首相不知不覺激動了起來）。然而，最近很奇怪，什麼都說要，不就是這麼一回事嗎？這是一種病。私是私，公是公，這也是不得已的事。」

也許是出訪了將近一個月的時間，吉田茂對於政局的敏銳度降低。他在國內絕對不會說出這樣的批判。之後他辯解他的意思是「希望鳩山一郎的病能夠完全治癒，鍛錬足以勝任國政的身體。」但幾乎沒有人接受他的解釋。

打著反吉田的旗號，合併保守勢力的新黨，以及對吉田茂反感的集團和包含媒體在內的國內輿論，在要求「吉田下台」方面步調一致，一口氣加速成立新黨的運動。

回顧這樣的政局變化可以發現，吉田茂與鳩山一郎之所以對立，問題出在吉田茂坐上自由黨總裁位置時，究竟約定的是吉田茂的三個條件，還是鳩山一郎的四個條件。吉田茂向鳩山一郎提出（一）沒有錢，也不負責籌措資金；（二）鳩山一郎不得干涉閣僚人選；（三）若不想做了，可以隨時走人。然而，鳩山一郎主張還有第四個條件，也就是鳩山一郎的公職追放一旦獲得解除，就要把自由黨總裁的位置還給鳩山一郎。兩人認知上的出入，造成對立。不難想像，吉田茂對記者所說的「私事」，指的就是這一件事。吉田茂在擔任首相期間也非常在意這一件事，從中可以看出昭和二十年代，吉田政治的另一面。

吉田茂在出訪回國後的記者會上，被記者反覆追問去留問題，他回答道：「我不執著於政權。不會協助不好的政治家。」任誰都明白，不好的政治家指的是鳩山一郎。吉田茂在回國當天晚上與緒方竹虎見面，被告知自由黨的幹部會議上同意吉田茂要在適當的時候辭職，並由副總裁（也就是緒方竹虎）接任。吉田茂已經沒有退路。

「在大磯悠哉地讀書吧」

第二十次臨時國會於十一月三十日召集。主要的目的在於討論吉田內閣的贊否。到了十二月六日，民主黨、左派社會黨、右派社會黨共同提出內閣不信任案。不信任案需要兩百五十二票才能通過。考慮到自由黨的一百八十五人之中也有反吉田派，不信任案的通過是可預見的結果。提案於七日提交眾議院，預計將會通過。

當時吉田茂心中的盤算是，即使不信任案通過，他也不打算總辭，而是要解散國會。然而，自由黨的幹部不接受解散國會的作法。吉田茂也知道，只有女婿麻生太賀吉和兩、三個心腹站在自己這一邊。

七日晚上，吉田茂把緒方竹虎找來位於東京目黑的首相官邸。緒方竹虎試圖說服吉田茂總辭，而吉田茂則是堅持解散國會，兩人就好像是兩條平行線。經過多次討論，緒方竹虎明白告訴吉田茂，如果要解散國會，那麼自己身為閣員不會簽名。緒方竹虎的傳記當中可以看到「我作為閣員，不會簽署解散的相關文件。我情願從政壇引退，做個不稱頭的西鄉隆盛」、「總理瞬間下定決心罷免我」等記述。

緒方竹虎以強硬的口吻告訴吉田茂，如果你不辭職，那麼我就辭職回故鄉（福岡），這應該是真實的歷史。

最後說服吉田茂的人是與他最親近的弟子池田勇人。吉田茂把池田勇人找來，命令他「罷免緒方竹虎」。池田勇人擔心吉田茂情緒激動，但同時又聲淚俱下地持續說服他，說道：「只能請求總理辭職。罷免緒方先生只會展現總理缺乏判斷力。如果硬要解散，那麼想必黨將會分裂為二。」池田勇人說完後退下。

根據麻生和子的證詞，吉田茂抽著雪茄，思考了一陣子。「我是聽丈夫說的，不久後父親從沙發上站起來，對著丈夫小聲說道：『那麼就辭職回大磯悠哉地讀書吧。』之後請丈夫準備辭職的相關文件。」就一個女兒而言，或許可以想像父親的身影充滿作為一位政治家貫徹自己哲學的滿足感。

吉田茂在戰後日本重新出發的時候留下許多功績，但同時也教導下一代，在離開權力寶座時，也需要具備哲學與歷史觀。

後記

平成時代接近尾聲。近代日本的天皇制以「終身在位」和「父系男子」為兩大支柱。當然，這僅限於「近現代」。在此之前，生前退位並不是一件稀奇的事，歷史上也曾經出現女性天皇。之所以將這兩點限制在法律體制之下，是為了體現天皇是大日本帝國憲法上的主權者，在軍事上是大元帥，擁有最高權力與權威。

現今天皇有感「終身在位」是過於苛刻的制度，於二〇一六年八月，提出希望改變的旨意。藉由電視談話，明確表明天皇自身的想法。如果站在過去天皇的立場，這是無法想像的事情。因此，我將其稱作是「平成的玉音放送」或「平成的人類宣言」。我認為這是近現代天皇制之下，最重要的大事。

歷史每天都確實在變動。這是我最真實的感受。在每天的日常當中感受不到變動，但只要經過一定的時間，就可以看到其本質。在每一個時刻與歷史相關的人們，我們可以從歷史的觀點重新看到他們的身影。

昭和時代已經過去了三十年，距離太平洋戰爭結束也已經過了七十餘年。昭和的戰爭已經不是同時代的經驗。同時代無法看見的部分，或是被納入歷史範疇之中後首度看見的真相，這些逐漸變得清晰。同時也會發現許多令人意外的部分。

本書點出在同時代當中無法看見的風景、雖然沒有被詳細介紹，但如果從歷史的觀點來看卻是非常重要的構圖，以及人類的樣貌等。我查證（而且是實事求是的方式）昭和史，四十多年來總共與將近四千人見面，聽他們講述其經驗和想法。這是因為我希望能夠闡明包含日中戰爭和太平洋戰爭在內的昭和時期戰爭。我聽了許多證詞和關於許多場景的說明。

我細細咀嚼這些證詞和場景，不時撰寫成非文學類作品、評傳、評論。然而，經過一段時間之後，例如我曾經花費將近七年的時間，採訪戰時的首相東條英機，將他實際的面貌寫成評傳。然而，我慢慢發現，由這位軍官僚指揮的戰爭，藉由與石原莞爾的比較，反而更能看出他在歷史上的罪過。經常有人說東條英機沒有思想與哲學，但我認為更應該說這位軍官僚不懂得思想與哲學的意義。他只是一味地在現實之中思考要如何二擇一，進而推動戰爭。

我的受訪者也包括許多中國人、美國人、俄羅斯人、英國人、荷蘭人，以及東南亞各國的人們。距今十多年前，我曾經前往泰國曼谷，造訪遭到日本軍俘虜虐待而亡的英國人墓地。墓地旁有一座用竹子搭建的小小資料館，裡面收藏當時的新聞報導和英國士兵們的照片。在我參觀這個資料館的時候，遇到兩組英國的老夫妻也正在參觀。他們似乎以為我是中國人，於是對我說日本的軍國主義有多麼地惡劣，尋求我的贊同。他們看出我的不知所措，知道我是日本人，於是就走開了。

他們的視線和態度，讓我一刻也待不下去，離開了那個地方。這樣的經驗不在少數，但我當時第一次感受到英國老夫婦憎恨的眼神代表什麼意思。年輕時的我，不會察覺這種憎恨的眼神。

以現代史的觀點看待過去的歷史，我持續在周刊《SUNDAY每日》進行這樣的嘗試。當我知道出版成為講談社的現代新書時，我感到非常高興。在此感謝盡心編輯的講談社第一事業局次長中村勝行氏。同時也感謝進行編輯的向景徹氏。謝謝各位。

平成三十（二〇一八）年五月

保阪正康

國家圖書館出版品預行編目 (CIP) 資料

昭和的怪物：二戰日本的加害者及其罪行 / 保阪正康著 ; 陳心慧譯. -- 初版. -- 新北市 : 遠足文化, 2019.11 -- (大河 ; 52)

譯自 : 昭和の怪物 七つの謎

ISBN ISBN 978-986-508-042-6 (平裝)

1. 傳記　2. 昭和時代　3. 日本史

783.12　108016722

大河 52

昭和的怪物：二戰日本的加害者及其罪行

昭和の怪物 七つの謎

作者——保阪正康
譯者——陳心慧
執行長——陳蕙慧
總編輯——郭昕詠
行銷總監——李逸文
行銷企劃經理——尹子麟
封面設計——霧室
封面插畫——黃正文
排版——簡單瑛設

社長——郭重興
發行人兼
出版總監——曾大福
出版者——遠足文化事業股份有限公司
地址——231 新北市新店區民權路 108-2 號 9 樓
電話——(02)2218-1417
傳真——(02)2218-1142
電郵——service@bookrep.com.tw
郵撥帳號——19504465
客服專線——0800-221-029
網址——http://www.bookrep.com.tw
Facebook ——https://www.facebook.com/WalkersCulturalNo.1/
法律顧問——華洋法律事務所 蘇文生律師
印製——呈靖彩藝有限公司

初版一刷 西元 2019 年 11 月
Printed in Taiwan